なにこ上手に手み

３６５日
キャンプ飯

著・ベランダ飯

365 Days
Camp meal

Introduction
はじめに

屋外(アウトドア)でも自宅(インドア)でも、

いつでも好きな時にキャンプ気分を味わいたい。

いつもの食事の時間を、より自由に個性的に過ごしたい。

新型コロナウイルスの影響でリモートワークとなり、

増えたプライベート時間の中で、

何気なく始めた自宅ベランダで作るアウトドア料理(=ベランダ飯)。

それはいつの間にか僕のライフワークになり、

「食を楽しむ」という人間としての

根源的な欲求を思い起こすきっかけとなりました。

電子レンジやオーブンや炊飯器など、

便利な調理器具は一切ありません。

夏は刺すような日差しの下で、

冬はブルブルと震えながら調理をすることになります。

でも、限られたアイテムの中で、

頭をフル回転させながら不便を楽しむ。

自然の風や、太陽や、流れる雲や、鳥の鳴き声を感じながら、

のんびりと調理と食事を楽しむ。

ふと一瞬だけでも、忙しい毎日や、ややこしい人間関係や、
堅苦しいルールや、むさ苦しい都会の喧騒を忘れて、
自分1人だけのプライベートな時間と空間を
狭いベランダでささやかに堪能する。

それが「ベランダ飯」なのです。

本書には、そんな「ベランダ飯」を
365日毎日続けている変態調理人である筆者が、
本能のおもむくままに作った、
自由でわがままなレシピをたくさん収録しています。

栄養もカロリーも常識も無視したおバカなレシピばかりですが、
これがめちゃくちゃうまいんですよね!

ぜひ皆さんも、頭の中を空っぽにして
「ベランダ飯」を楽しんでいただければ幸いです。

ベランダ飯

365 Days
Camp meal
Contents
もくじ

【この本をお使いになる前に】

■ 計量単位について
大さじ1=15ml、小さじ1=5ml、1合=180mlを目安にしています。

■ 材料について
・「こしょう」は白こしょうと黒こしょうがブレンドされた細粒タイプを、「ブラックペッパー」は粗びきタイプの黒こしょうを使います。
・「すりおろしにんにく」「すりおろし生姜」はチューブタイプが便利です。
・「油」とある場合、サラダ油を使っています。「酒」は清酒のこと。「赤唐辛子」は乾燥したものを指します。

■ 調理器具について
・よく使う調理器具は「キャンプ飯におすすめの四種の神器（p8〜12）」で紹介しています。

■ 分量、調理時間や火加減、温度などは目安なので、好みや必要に応じて調整してください。

Best 10 Recipe

キャンプクッカーの達人、ベランダ飯流クッキング！
これだけは揃えたい！
キャンプ飯におすすめの「四種の神器」

これ1つであらゆる料理の味付けが完璧！
アウトドアスパイス

人気のBEST10 レシピ

よなよな
居酒屋レシピ

究極の
ジャンクレシピ

Messtin Recipe

Camp de Oyatsu Recipe

Niku-maki World

これだけは揃えたい！

キャンプ飯におすすめの「四種の神器」

キャンプクッカー「四種の神器」ともいえるホットサンドメーカー、メスティン、スキレット、鉄板。この本ではその4つの道具を使ったレシピをご紹介します。作る前に、それぞれの特徴や利便性を知っておきましょう。

ホットサンド
メーカー

僕がもっともヘビロテしているアイテムがこれ、ホットサンドメーカー（通称HSM）。本書でも大半のレシピをこのホットサンドメーカーで作っています。ホットサンドメーカーはもともとホットサンド（食パンの間にいろいろな具材を挟んで焼いた料理）を作るための調理道具です。しかしホットサンドメーカーの本当の魅力は、パンを焼く以外にもいろいろな料理ができる点にあります。肉でも魚でも、お米でも麺類でも、時には餃子・お好み焼き・デザートまで…「小さなオーブン」としてなんでもおいしく焼けちゃう魔法の調理道具なのです。

👍 メリット

上下分離できるものを選ぶとミニフライパンとしても使用が可能。分離できると洗う時も楽です。

❗ 注意点

裏返す際に隙間から油や汁がもれ出すことがあるので、ご自宅での使用の場合は受け皿などあるとよいでしょう。

Ⓐあつほかダイニング ホットサンドパン（和平フレイズ）

数あるホットサンドメーカーの中でも最初の一台としておすすめしたいのがこれ。特長としては、その「安さ」と「汎用性」。シンプル＆ベーシックな形状ながら充分な容量があるため、ホットサンド以外の料理にも対応しやすいのが特長です。料金も2,000円未満で売っていることが多いのでとてもリーズナブルですが品質は悪くなく、僕は1年半以上ほぼ毎日使い続けていますが故障ひとつありません。

Ⓑホットサンドイッチクッカー（CHUMS）

大人気のキャンプグッズブランドであるCHUMS（チャムス）。そんなCHUMSが作ったのが、この「ホットサンドイッチクッカー」です。ホットサンドメーカーの中でも珍しい国産品。しかも「金物の町」として日本のみならず世界的にも有名な新潟県の燕三条製。アルミ合金の本体にフッ素樹脂膜加工が施されており、焦げつきにくいのも嬉しいです。重量も490gと軽

く、キャンプに持っていく際にも負担になりません。

Ⓒあつほかダイニング ワイドサンドパン（和平フレイズ）

ホットサンドメーカーはもともとホットサンドを焼くための調理器具なので、ほとんどのホットサンドメーカーは食パン1枚分のサイズで作られています。しかしこの和平フレイズ「あつほかダイニング ワイドサンドパン」は、通常のホットサンドメーカーより幅も高さも一回り大きいサイズになっており、一度により多くの量を調理することができます。グループキャンプやファミリーキャンプなど、一度にたくさんの料理を作りたいシーンで大活躍します。

Ⓓホットサンドクッカー トラメジーノ（スノーピーク）

日本のアウトドアブランドの中でも圧倒的な存在感を放つスノーピークからもホットサンドメーカーが発売されています。その名も「トラメジーノ」。ホットサンドが2つ同時に焼けるよう

になっており時短に最適。焦げつき防止加工も優秀で、ハンドルを折り畳んで持ち運びできる収納性・携帯性も魅力です。デメリットとしてはホットサンドを作る場合には食パンの耳を切り落とす必要があること。また、容量が小さい（薄い）ため、ホットサンド以外の料理にやや活用し難い点です。

Ⓔヤキヤキ屋台 簡単お好みプレート（和平フレイズ）

これは正確にはホットサンドメーカーではなく、お好み焼きを焼くためのもの。コテでひっくり返さなくてもいいので、誰でも簡単にキレイにお好み焼きが焼けます。もちろんお好み焼きだけではなく、他のホットサンドメーカーと同様にさまざまな料理に使うことができます。

※ホットサンドメーカーのサイズは様々です。本書では基本的にⒶⒷを使用しています。ワイドサイズのホットサンドメーカーⒸを使用する場合はレシピに記載しています

神器

Cooking **2** *Tool*

メスティン

F
G
H
I
J

Messtin

メスティンとは一般的にはアルミ製の飯ごう（お米を炊く調理器具）のこと。スウェーデンのトランギアというメーカーから販売されているものが有名ですが、その他にも世界中のメーカーからさまざまな種類のメスティンが販売されています。キャンプなどの野外にはさすがに電子ジャーは持っていけませんよね。しかしメスティンならこの小さな器でしっかりとお米が炊けてしまうのです。バーナーや焚き火はもちろん、固形燃料を使えば、ほったらかし炊飯が可能。炊飯以外にも、煮る・焼く・蒸す・燻すなど、柔軟に使うことができる点も魅力です。

👍 **メリット**

別売りのメッシュトレイを使用すれば蒸し器や燻製器として活用できる。

❗ **注意点**

焚き火で使うと煤（すす）がついたり、高温で穴が空くこともあるので注意。

F メスティン（ダイソー）
実は100円ショップのダイソーでもメスティンは入手できます。写真は1合炊きのミニサイズ（税込550円）のものですが、他にも1.5合炊き（税込880円）と3合炊き（税込1,100円）のものもあります。とても安いですが品質に問題はなく、バリ取りも不要です。
▷容量：500ml

G スリップメスティン（8A GARAGE）
北海道は小樽にあるガレージブランド8A GARAGE（ヤエイガレージ）。ここが販売している「スリップメスティン」が実はめちゃくちゃ秀逸なんです。最大のポイントは、汚れや焦げつきを防いでくれる特殊スリップ加工。今までのメスティンは食材が焦げついてし

まった時に洗い物が大変でしたが、スリップメスティンは焦げつきにくいのでとても楽チン。本革製のハンドルカバーや帆布製のバッグなど、おしゃれな関連アイテムが多いのも魅力です。
▷容量：800ml

H ラージメスティン（トランギア）
メスティンの代名詞ともいえる、スウェーデンはトランギア社製のメスティン。こちらは3.5合炊きまで対応できるラージメスティンです。シンプルで美しいフォルムが魅力のメスティン。トランギアを使っているというだけでテンションが上がります。▷容量：1350ml

I メスティン（ニトリ）
通称「黒メスティン」と呼ばれているニ

トリのメスティン。硬質アルマイト加工が施されており傷つきにくい性質をもつとともに、キャンプサイトで映えるダークグレーの色味が最高にかっこいいですね。値段も税込1,290円とリーズナブルな点も魅力です。▷容量：750ml

J 中敷きメッシュトレイ
メスティンで蒸し料理や燻製料理などを作る際に便利な、中敷き網（メッシュトレイ）。これがあると調理の幅が一気に広がります。

※メスティンを使うレシピには、使用したメスティン容量を記載しています。お手持ちのメスティン容量と異なる場合は、記載の分量を参考に適宜分量を増減してください。

神器
Cooking Tool

3

スキレット

スキレットとは鋳鉄（ちゅうてつ）製のフライパンのこと。ぶ厚くずっしりと重みがありますが、これが料理をおいしくしてくれる秘密でもあります。厚みがあるために、食材に熱がゆっくりと均一に伝わり、食材のうまみを最大限に引き出してくれるのです。かなり重いのでやや扱いにくいですが、最近は小さめのスキレットもたくさん出回っているので、腕力に自信のない方はサイズの小さいものがおすすめです。また、使用前にはシーズニングという作業が必要だったり、鉄製でさびやすいため毎回のお手入れにはやや手間がかかります。でもその手間さえも楽しむのがキャンプ料理の醍醐味でもあるんですよね。

👍 メリット

料理がすぐに冷めない。オーブンレンジやオーブントースター、魚焼きグリルなどに入れても使用できる。

❗ 注意点

新品のスキレットの使用前には、あらかじめ塗布されているさび止め防止ワックスやオイルを取り、シーズニング（鍋ならし）をする必要があります。基本的には表面のワックスを洗い流してから空焼きにして、持ち手も含めた全体に食用油を塗布します。方法は、お手持ちの製品の説明書を参考にしましょう。

Skillet

Ⓚ ロジックスキレット（ロッジ）
ロッジはスキレットなどの鉄製調理器具で、アメリカNo.1のブランドと言われている120年の歴史をもつ老舗です。僕が愛用しているのは「ロジックスキレット」という商品で、ガス・IH・オーブンに対応。アウトドアでも家庭でも大活躍。蓄熱性・熱伝導性に優れた厚さ5mmの鉄板で、食材をおいしく焼くことができます。

Ⓛ スキレット鍋（ニトリ）
実は「お、ねだん以上。」のニトリでもスキレットが販売されています。しかもたった数百円というびっくりするような低価格で、品質も高いコスパに優れたスキレットです。愛好者も多く、通称「ニトスキ」という呼び名で親しまれています。

何かと便利！ 隠れたマストアイテム シェラカップ

シェラカップは、持ち手付きの金属製のカップのことで、コップや食器としてはもちろん、調理器具としても優秀。小さなボウル代わりにしたり、直火にかけられるので、小さな鍋として加熱調理にも使えます。素材やサイズは色々あるので、用途に応じて選ぶと良いでしょう。

神器
Cooking **4** Tool

アウトドア鉄板

アウトドア鉄板とはバーナーや焚き火の上にのせて食材を焼くための鉄板。鉄板の厚さや大きさ、取手が取り外しできるもの、平らな鉄板や曲げのあるものなど、さまざまなタイプがあります。鉄板の厚さは、厚ければ厚いほど食材がおいしく焼けると言われています。遠赤外線効果で外はパリっと、でも中は柔らかく、肉のうまみを閉じこめジューシーに仕上がるからです。キャンプ用のアウトドア鉄板は4〜6mmの厚さのものが多く、肉・魚を中心にさまざまな食材をおいしく焼くことができます。薄くてかさばらないので持ち運びも便利です。ただし鉄製なので使用前のシーズニングや使用後のメンテナンスが必要です。

👍 メリット

網に比べ火の通りが均一で温度が安定する。一枚板のためかさばらないし持ち運びが楽。半永久的に使用できる。

❗ 注意点

アウトドアバーナーの上では鉄板が滑りやすいので注意。

Outdoor Teppan

M 黒皮鉄板(oka-d-art)
oka-d-art(オカ、ディー、アート)の「黒皮鉄板」は、油や水分がこぼれないように四辺が曲げ加工してあり、正面についた穴に取手を差し込むので固定も便利です。さまざまなサイズ、厚さの鉄板がありますが、写真はA4サイズの厚さ6mmのもの。フタや専用の皮袋など、さまざまな付属品があるのもoka-d-artの黒皮鉄板の魅力です。

N ヨコザワテッパン(ジェットスロウ)
アウトドア鉄板が流行したきっかけとなったのが、この「ヨコザワテッパン」。曲げや取手などの加工のないシンプルで武骨な一枚板が男心をくすぐります。写真のものはハーフサイズなのでソロキャンプに最適。1人で肉を焼きつつ食べるキャンプ飯は至高のひと時ですね。

SPICE

これ1つであらゆる料理の味付けが完璧！

アウトドアスパイス

アウトドアスパイスは、塩、各種スパイスやハーブ、ガーリックなどを調合したオールインワン調味料です。キャンプに複数の調味料をもっていくのは面倒くさいですし荷物も増えてしまいますが、アウトドアスパイスなら1本で肉・野菜・魚などさまざまな料理に使えるのでとても便利です。全国の食品メーカー・肉屋・有名キャンパー・キャンプ芸人までもが、独自の配合でさまざまなアウトドアスパイスを開発しており、それぞれの違いを楽しめるのも醍醐味の1つです。

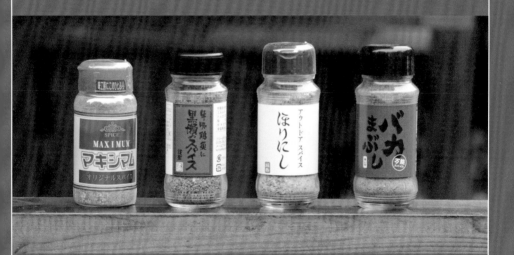

マキシマム

宮崎の肉屋「中村食肉」が開発したスパイス「マキシマム」僕が一番最初に体験したアウトドアスパイスがこれなんですが、あまりのおいしさにめちゃくちゃ衝撃を受けて、毎食毎食いろんなおかずにマキシマムをふりかけて食べていたのを覚えています。他の商品よりもやや塩が強めで、コショウが効いたスパイシーな味が特徴。

黒瀬のスパイス

個人的に一番好きなのがこの「黒瀬のスパイス」。鶏肉専門店「かしわ屋くろせ」が開発した絶品スパイスです。醤油の味が強く、スパイシーかつ香ばしい独特のうまみがクセになります。特に肉料理にぴったり！僕は自分のキャンプ場の近くにある「いなげや」の牛タンを大量に購入し、黒瀬のスパイスをふりかけつつビールを飲むソロキャンプが世界一好きです。

ほりにし

「ほりにし」はアウトドアスパイスの代名詞とも言える、もっとも知名度の高い商品ではないでしょうか。今回紹介する4つの中ではもっとも淡泊に（塩味が弱く）感じますが、ガーリックのパンチが効いているコクの深い一品です。写真のノーマル味の他にも、辛口や白トリュフ入りのプレミアムもあります。和歌山県に本店のあるアウトドアショップ「Orange（オレンジ）」の堀西さんという方が、5年の歳月をかけて開発したそうです。

バカまぶし

キャンプ芸人としても活躍するバイきんぐの西村瑞樹さんが監修する、ちょっぴり変わったアウトドアスパイスが「バカまぶし」。クミンを中心に配合されており、塩味はかなり控えめ。しょっぱくないので、スパイスをそのままバリバリ食べてもおいしいです。写真のものは辛口の「辛いの」ですが、辛くないノーマルの味もあります。

人気の
BEST 10
レシピ

SNSでとくに人気の高かった料理を集めてみました。
スーパーやコンビニで身近に買える食材が
アウトドア感たっぷりのキャンプ飯に！

ド迫力！No.1!!

肉包み
爆弾おにぎり

Cooking Tool

**ホットサンド
メーカー**

[材料]

- 豚バラ肉スライス（10枚）
- ごはん（70〜80g）
- カマンベールチーズ（1/2個）
- アウトドアスパイス
  （または塩・こしょう各適量）
- 油（適量）

Point

溶けたチーズが流れ出すのを
防ぐため、豚バラ肉に隙間が
できないように包みましょう。

1. カマンベールチーズは厚みを半分に切る。

2. ホットサンドメーカーの両面に油をやや多めにひき、肉を放射状に並べる。

3. *2*にアウトドアスパイス、または塩・こしょうをしっかりとふり、その上にごはんをのせる。多すぎると包めなくなるので注意。その上に*1*をのせる。

4. 肉を花びらが閉じるように重ねて*3*を包む。

5. ホットサンドメーカーを閉じ、弱火でじっくりと中に火が通るまで裏返しながら両面を焼く。

6. アウトドアスパイスや塩・こしょう、バター、しょうゆなど、お好みの味つけにする。

トロ～リチーズと
豆腐がベストマッチ！

厚揚げ
チーズサンド

Cooking Tool

**ホットサンド
メーカー**

1. 厚揚げは厚みを半分に切り、間にスライスチーズを挟む。

2. ホットサンドメーカーの両面に油をぬり、1をのせて閉じ、弱火で片面3～5分ずつ焼く。チーズが溶けるまでじっくりと焼く。

3. シェラカップなどにしょうゆと砂糖を入れ、かき混ぜておく。

4. 厚揚げが焼けたら、すりおろし生姜をのせ、3をかける。最後に細ねぎを散らす。

［材料］
・厚揚げ（2枚）
・スライスチーズ（2枚）
・しょうゆ（大さじ1）
・砂糖（小さじ1）
・すりおろし生姜（適量）
・細ねぎの小口切り（適量）
・油（適量）

Point

砂糖が溶けない場合は、シェラカップをホットサンドメーカーの上にのせて、温めつつかき混ぜると溶けやすくなります。

ビールがススムくんです♪

Cooking Tool

ホットサンド
メーカー

ソーセージの ガリバタ焼き

［材料］
・ソーセージ(8〜10本)
・水(大さじ4)
・すりおろしにんにく(小さじ1)
・バター(10g)
・塩(適量)
・ブラックペッパー(適量)
・油(適量)

1. ホットサンドメーカーは片面を使う。薄く油をぬり、ソーセージと分量の水を入れる。中火でソーセージを転がしつつボイルする。

2. 水がなくなってきたらバターとすりおろしにんにくを入れ、全体になじませながら焼き目がつくまでソーセージを転がしながら焼く。

3. ブラックペッパーや塩で味つけをする。

Point ただ焼くだけではなく、ボイルの過程を加えるとおいしさが増します。今回はホットサンドメーカーの片側だけを使用して調理しましたが、もちろんスキレットやフライパンでもできます。

ヤンニョムチキンチーズ

Cooking Tool

ホットサンドメーカー

1. 鶏もも肉は一口大に切り、ポリ袋に入れてみりん大さじ2と塩、こしょうを加えてもみ、10〜20分ほど置いておく。

2. キッチンペーパーなどで鶏肉の水分をふき取り、片栗粉をまぶす。

3. シェラカップなどに Ⓐ の材料を入れ、よく混ぜ合わせる。

4. ホットサンドメーカーの両面に油をぬり、2 を並べてさらに大さじ1の油を入れてホットサンドメーカーを閉じる。

5. 焦げないように時々様子を見つつ、弱火で3〜5分ずつ両面を揚げ焼きにする。

6. ホットサンドメーカーを開き（可能であれば片面を取り外す）、3 を加えて煮詰めつつ鶏肉とからめる。

7. 白ごまをふり、とろけるスライスチーズをのせる。チーズが溶ければ完成。お好みで乾燥パセリ（分量外）をふる。

［材料］
- 鶏もも肉(300g)
- 片栗粉(大さじ3)
- 白ごま(大さじ1)
- みりん(大さじ2)
- 塩・こしょう(各適量)
  - コチュジャン(大さじ2)
  - ケチャップ(大さじ2)
  - 砂糖(小さじ1)
- Ⓐ しょうゆ(大さじ1)
  - にんにくチューブ(小さじ1.5)
  - みりん(大さじ1)
  - ハチミツ(小さじ1)
- とろけるスライスチーズ(2〜3枚)
- 油(適量)

Point 手を汚さないようにポリ袋を用意すると便利です。鶏肉に味をなじませる際は、涼しい場所に置くようにしましょう。

コレは大発明！

餃子の皮で作る
6Pチーズの包み焼き

Cooking Tool

ホットサンド
メーカー

[材料]

- 餃子の皮（大判×6枚）
- 6Pチーズ（6個）
- 大葉（6枚）
- 塩・ブラックペッパー（各適量）
- 油（適量）

1. 餃子の皮に大葉と6Pチーズをのせて巻く。水を指につけて餃子の皮を接着しながら、三角形に包む。

2. ホットサンドメーカーの片面に油をぬり、*1* を並べる。

3. 弱火から中火で、餃子の皮に軽く焼き目がつくまで裏返しながら両面を焼く。

4. お好みで塩やブラックペッパーをふって食べる。

Point

餃子の皮は大判サイズを使用します。大判サイズが無い場合は、通常サイズを2枚使うことで代用が可能です。

[手順]

山芋がふわふわで
ホックホック！

ふわふわ山芋の鉄板焼き

Cooking Tool

スキレット／
フライパン

1. 山芋は皮をむいてすりおろす。タコは1cm角に切る。卵は卵白と卵黄に分ける。

2. ボウルなどに山芋とタコを入れ軽く混ぜ合わせたら、めんつゆ、マヨネーズ、ごま油大さじ1、顆粒だし、卵白を加えてよく混ぜ合わせる。

3. スキレット（またはフライパン）にごま油大さじ1を入れて温めたら、弱火にして2を流し入れる。

4. 10分ほど焼いてフライパンの縁の生地が固まってきたら、刻み海苔をのせ、真ん中に卵黄をのせる。

［材料］
・山芋（320g）
・タコ（80g）
・卵（1個）
・めんつゆ（3倍濃縮／大さじ2）
・マヨネーズ（大さじ2）
・ごま油（大さじ2）
・和風顆粒だし（小さじ1）
・刻み海苔（適量）

Point

焦がさないよう、弱火でじっくりと焼きましょう。山芋はすりおろし済みのものも売っているので、皮をむくのが面倒な場合は代用できます。

即席だけど味は本格的☆

Cooking Tool

メスティン

メスティンで作る燻製ベーコン

［材料］
・豚バラ肉ブロック（適量）
・砂糖・塩（各適量）
・燻製用ウッドチップ（適量）
※メスティン容量：750ml

1. 豚バラ肉ブロックは、熱が入りやすいように適当な大きさに切っておく。

2. 1に砂糖をまんべんなくすり込み、さらに塩をすり込む（必ず砂糖を先にする）。

3. ラップをかけて冷蔵庫に入れて半日ほど置いておく（キャンプに持っていく場合は前日の夜に準備しておく）。

4. メスティンに汚れが付着しないように、アルミホイルでぴったりと包んで保護する。

5. メスティンの底面の真ん中にウッドチップを大さじ1と1/2程度置き、中敷き網を設置する。肉から出る脂が下に落ちないようにするため、アルミホイルで受け皿を作り、中敷き網の上に置く。

6. 5の上に水分をよくふき取った肉をのせ、中火にかけて、ウッドチップに火がついたらフタをして弱火で約20分程度燻す。

7. 火を止め、10分〜20分余熱で蒸らす。

Point メスティンの中敷き網（メッシュトレイ）、アルミホイルが別途必要です。アルミホイルでメスティンを保護しないと、メスティンが汚れてしまうので、フタまでしっかりと保護しましょう。

完まくで
身も心もほっかほか♥

スープ煮込み肉まん

Cooking Tool

メスティン

1. 肉まんは2つに切る(中のあんが溶け出しておいしくなる)。

2. メスティンに水を入れ、沸騰させたら弱火にし、中華だしを入れる。

3. 肉まんを入れ、フタをして5分ほど煮込む。

4. 火を止め、細ねぎと白ごまを加える。

[材料]
・肉まん(1個)
・水(250ml)
・中華だし(チューブ／7g)
・細ねぎの小口切り(適量)
・白ごま(適量)
※メスティン容量：750ml

Point

ペーストタイプの中華だしは溶けやすくて使いやすいのでおすすめです。個人的には「香味ペースト(味の素食品)」がお気に入り。お好みの中華だしてOK。味付けも好みの濃度にととのえます。

のび〜るもちに皮の食感が加わり絶妙！

Cooking Tool

ホットサンド
メーカー

もち明太チーズ焼き

[材料]
・切りもち(2個)
・春巻の皮(3枚)
・ピザ用チーズ(適量)
・明太マヨネーズ(適量)
・水溶き片栗粉(適量)
・塩(2つまみ)
・油(適量)

1. もちは1個を6等分(計12個)に細長く切る。春巻の皮は十字に切り4等分(12枚)にする。

2. 春巻の皮を角が手前にくるように置き、もち・チーズ・明太マヨネーズを中央よりやや手前にのせる。下からくるっと巻き、次に左右を折り込んでくるりと巻く。巻き終わりに水溶き片栗粉をぬり、とめる。

3. ホットサンドメーカーの両面に油をぬり、さらに大さじ1杯分の油(分量外)を片面に入れて、2を並べて閉じる。

4. 中火で2回くらいに分けて揚げ焼きにする。時々様子を見つつ両面を焼き、焼き目がついてきたら火を止める。ホットサンドメーカーを裏返す際には、油がこぼれるので注意(下に皿などを置いておくと汚れを防げる)。

5. 塩を全体にまんべんなくふる。

Point

明太マヨネーズがない場合は、明太子と普通のマヨネーズで代用できます。明太子を使う場合は、スプーンなどを使って中身を出し、マヨネーズと混ぜ合わせます。

じわじわ焼くのが楽しい♪

なすの ガーリック しょうゆ

Cooking Tool

ホットサンド メーカー

1. シェラカップに Ⓐ の食材を混ぜ合わせ、タレを作る。

2. なすは縦に半分に切り、格子状に切り込みを入れる。

3. ホットサンドメーカーの両面にオリーブオイルをぬり、余ったオイルを片面に入れ、2 を切断面を下にして並べる。ホットサンドメーカーを閉じ、弱火で3分ほど焼く。なすに焼き目が入ったら裏返して2分ほど焼く。

4. フタを開いて火をとろ火にしたら、1 をまわしかけ、軽く煮詰めつつ全体にからめて完成。

[材料]

・なす（3本）

Ⓐ
　すりおろしにんにく（大さじ1）
　しょうゆ（大さじ1と1/2）
　みりん（大さじ1と1/2）

・オリーブオイル（大さじ2）

※上記の材料は、ワイドサイズのホットサンドメーカーの分量です。通常サイズの場合は2/3量を目安にご用意ください。

 Point

なすに切り込みを入れる際は、あまり深く入れるとなすが崩れてしまうので注意！

びっくり！
メガテン
（目が点）
レシピ

目からウロコ！ あっと驚いてもらいたい！というのがコンセプトのレシピです。

シンプルかつ大胆に。やってみたかったことを素直に実験してみました。

新たな食感や味が楽しめてグー！

バフバフして食べましょう！

Cooking Tool

メスティン

とろ～り
温玉揚げ

[材料]
・卵（3個）
・溶き卵（1個分）
・薄力粉（適量）
・パン粉（適量）
・塩（少々）
・油（適量）
・乾燥パセリ（少々）

1. メスティンに湯を沸かし、中火で卵を7分くらいゆでる。

2. ゆでた卵は素早く氷水につけ、しばらく冷やしておく。

3. 水気をよくふき取ったメスティンに、揚げる用に油を入れて中温（170～180℃）に熱する。

4. 卵の殻をむいたら薄力粉をまぶし、油大さじ1を加えた溶き卵にからめる。パン粉をしっかりまぶす。

5. 表面が色づき10～15秒揚げたらすぐに取り出す。網じゃくしや穴空きおたまなどがあると、安全に揚げられるのでおすすめ。

6. 揚がったら塩を全体にふり、お好みで乾燥パセリをふる。

Point

卵は殻のお尻の部分に金串などで小さく穴を開けてからゆでると、殻がむきやすくなります。

甘辛が最高！

みたらし団子の豚肉巻き

Cooking Tool

ホットサンドメーカー

1. みたらし団子に豚バラ肉スライスを2枚ずつ巻き、お好みのアウトドアスパイス（または塩・こしょう）をふる。

2. ホットサンドメーカーの両面に油をぬり、**1**を並べる。

3. ホットサンドメーカーを閉じ、裏返しつつ弱火で2〜3分ずつ両面を焼く。

[材料]
- みたらし団子（3本）
- 豚バラ肉スライス（6枚）
- アウトドアスパイス、または塩・こしょう（適量）
- 油（適量）

Point

火加減が強過ぎたり、焼き時間が長すぎると、団子が溶けてしまうので注意しましょう。

[手順]

いつものたこ焼きが
大変身！

Cooking Tool

メスティン

冷凍たこ焼きの
ナポリターナ

[材料]

· 冷凍たこ焼き（6個）
· トマト缶（1缶／400g）
· ピザ用チーズ、
  またはスライスチーズ（50g）
· ソーセージ（3～6本）
  またはベーコン（適量）
· 塩・ブラックペッパー（各適量）
· すりおろしにんにく（2片）
· 赤唐辛子の小口切り（適量）
· オリーブオイル（適量）
· 乾燥パセリ（少々）

※メスティン容量：800ml

1. 冷凍たこ焼きはあらかじめ自然解凍しておく。

2. メスティンにオリーブオイルをやや多めにひき、にんにくと赤唐辛子を炒めながら香りと辛味を移す。

3. 2にトマト缶とソーセージを加え、弱火～中火でソーセージに火が通るまで煮込む。

4. ソーセージに火が通ったら弱火にし、塩で味を調える。

5. 冷凍たこ焼きとチーズを入れ、フタを閉める。たこ焼きが温まるまで2～3分煮詰め、最後にブラックペッパーやお好みで乾燥パセリをふる。

Point

チーズは底に沈むと焦げつきの原因となるため、なるべくたこ焼きの上に乗るように慎重にふりかけてください。

そう一杯
イケちゃいそう

缶詰焼き鳥の ふわふわ 親子丼

メスティン

1. メスティンで米と分量の水を入れて炊く（*Point* 参照。）

2. 焼き鳥の缶詰は湯せんで温めておく。

3. 卵は卵黄と卵白に分け、卵白はボウル に入れて泡立て器などでツノが立つ までよくかき混ぜ、メレンゲにする。

4. 米が炊けたらメレンゲをご飯の上にのせる。

5. 温めた缶詰をタレごとごはんにかけ、卵黄をのせる。

［材料］
・焼き鳥の缶詰(2缶)
・米(1合)
・水(200ml)
・卵(1個)
※メスティン容量：750ml

Point 【メスティンでごはんを炊く方法】

米は洗ってざるにあげ、水をきる（無洗米の場合は 不要）。メスティンに洗った米と水を入れて 30 分程 度吸水させる。フタをして強火にかけ、沸騰してき たら、ごく弱火にして 10 ～ 12 分加熱する。チリチ リと音がしてきたら火を止め、フタをしたままタオル などで包んで 10 分程度蒸らして完成。

輪 を か け て ボ リ ュ ー ミ ー に！

巨大ぐるぐる ハンバーグ

Cooking Tool

アウトドア鉄板

［材料］
- 合いびき肉（350g）
- ピザ用チーズ（適量）
- ベーコンスライス（3〜4枚）
- 卵（1個）
- マヨネーズ（適量）
- アウトドアスパイスまたは
  塩・こしょう（適量）
- 油（適量）

1. 合いびき肉にマヨネーズとアウトドアスパイス（または塩・こしょう）を混ぜ合わせ、粘り気が出るまでよくこねる。つなぎとしてパン粉や薄力粉を混ぜてもいい。

2. **1**をボール状にしたら両手でキャッチボールしながら空気を抜き、円盤型にする。さらに真ん中に穴を開けてリング状に形を整える。

3. 鉄板を温めて油をひいたら**2**をのせ、ハンバーグの周りにベーコンを巻く。巻き終わりはつま楊枝で止める。

4. 片面を焼いたら裏返して、真ん中の穴に卵を割り入れる。さらにチーズをのせる。

5. フタ（ない場合はフライパンなどで代用）を上に被せ、肉に火が通るまで蒸し焼きにする。竹串などを刺して透明な肉汁が出てきたら中まで火が通った証拠。

Point

お好み焼きなどで使うコテを使うと、肉が崩れずに上手に調理できるのでおすすめです。

しみしみ焼きおにぎりが
食べたかったんです♥

冷凍焼きおにぎりの
トマトチーズ
煮込み

Cooking Tool

メスティン

1. 冷凍焼きおにぎりはあらかじめ冷凍庫から出し、自然解凍しておく。

2. メスティンにオリーブオイルをひき、トマト缶を入れる。

3. 中火にかけ、ひと煮立ちさせたら、塩、こしょうで味をつける。

4. 弱火にして焼きおにぎりとチーズを入れ、フタを閉める。焦げないように注意しつつ、チーズが溶けて焼きおにぎりが温まったら火を止める。

5. オリーブオイルを好みの量まわし入れ、ブラックペッパー、乾燥パセリをふる。

［材料］
・冷凍焼おにぎり（2個）
・オリーブオイル（適量）
・トマト缶（1缶：400g）
・ピザ用チーズ（50g）
・塩・こしょう（各適量）
・乾燥パセリ（少々）
・ブラックペッパー（適量）
※メスティン容量：1000ml

Point

塩で味つけする際は、さらに煮込んで水分が飛ぶことを考慮し、薄味にしておくとよいでしょう。

脂質と糖質のメガトン爆弾

ジャンボ 牛まんじゅう

Cooking Tool

ホットサンド メーカー

[材料]
- 牛肉切り落とし（220g）
- ピザ用チーズ（30g）
- マッシュポテトまたは ポテトサラダ（50g）
- アウトドアスパイス（適量）
- 薄力粉（適量）
- 油（適量）

1. ホットサンドメーカーの両面に油をぬり、牛肉の半量に薄力粉をまぶし、すき間なく敷きつめる。

2. アウトドアスパイスを牛肉にふり、その上にマッシュポテトとチーズをのせる。

3. その上から再度アウトドアスパイスをふり、もう半量の牛肉にも薄力粉をまぶしてすき間なくかぶせる。

4. ホットサンドメーカーを閉じ、弱火〜中火で両面に軽く焼き目がつくまで焼く。

Point

マッシュポテトは、市販のマッシュポテトパウダーを使うと手軽に作れます。マッシュポテトの代わりはポテトサラダでも代用できます。また、チーズやポテトを盛る際は、漏れ出さないようになるべく端の方には盛らないのがコツ。

[手順]

あまりがちの
ようかんも使いよう

ようかん
バターサンド

Cooking Tool

ホットサンド
メーカー

1. ホットサンドメーカーの両面に、バター、またはマーガリンを薄くぬる。

2. ホットサンドメーカーに食パン1枚をのせ、お好みの量のマーガリンをぬり、塩昆布を散らす(塩昆布は入れすぎるとしょっぱくなるので注意)。

3. 2の上にようかんを並べ、もう1枚の食パンで挟む。

4. ホットサンドメーカーを閉じ、裏返しつつ弱火でパンに軽く焦げ目がつくまで焼く。

[材料]
食パン(8枚切り／2枚)
ようかん(小2本)
バター、またはマーガリン(適量)
塩昆布(適量)

Point

パンを焼く前にバター(またはマーガリン)をぬると溶けてしみ込んでしまうため、バターやマーガリンを溶かしたくない方は、パンが焼き終わってしばらく冷ましてから、パンをはがしてマーガリンをぬってください。

肉々しい断面にそそられます

駄菓子ビッグカツと豚肉のミルフィーユ焼き

Cooking Tool

ホットサンド
メーカー

［材料］

- ビッグカツ（2枚）
- 豚バラ肉スライス
  （200〜300g）
- オリーブオイル（適量）
- アウトドアスパイス、または
  塩・こしょう（各適量）

1. 駄菓子のビッグカツは、それぞれ豚バラ肉スライスで巻く（写真右を参照）。上下に2段、ミルフィーユ状になるようにする。

2. 1にアウトドアスパイス（または塩・こしょう）をしっかりとふって味つけする。

3. ホットサンドメーカーの両面にオリーブオイルをぬる。2を並べて閉じ、弱火で5〜7分、豚肉に火が通るまで両面をじっくりと焼く。

Point

裏返す際に油が出ますが、油を捨て過ぎるとパサパサになるので注意しましょう。

ビールのお供に！

バナナと生姜焼きの
甘辛ホット
サンド

Cooking Tool

ホットサンド
メーカー

1. バナナは好みの厚さにスライスしておく。

2. ホットサンドメーカーの両面にマーガリンをぬり、食パン1枚をのせる。

3. 2の食パンにマヨネーズをたっぷりとぬり、豚肉の生姜焼きを並べる。その上に1を並べる。

4. ブラックペッパーをふったら、もう1枚の食パンをのせ、ホットサンドメーカーを閉じる。

5. 弱火で3〜5分ほど様子を見ながら、じっくりと両面を焼く。

[材料]
- 食パン（8枚切り／2枚）
- バナナ（1本）
- 市販の豚肉の生姜焼き（2〜3枚）
- マヨネーズ（適量）
- マーガリン（適量）
- ブラックペッパー（適量）

Point

豚肉の生姜焼きはコンビニで売っているパックのものが便利です。生姜焼きはタレもたっぷりとかけたほうがバナナにからまっておいしいのでおすすめです。

火入れが醍醐味

BBQ
レシピ

ソロキャンするならこの機会に自分にご褒美を。
みんなでわいわいキャンプなら、一緒に作って食べて盛り上がれますように！

シンプル・イズ・ザ・ベスト！

Cooking Tool

ホットサンド
メーカー

お手軽フライドチキン

[材料]

鶏もも肉(1枚)

薄力粉(適量)

アウトドアスパイスまたは
塩・こしょう(各適量)

オリーブオイル(適量)

1. 鶏もも肉にアウトドアスパイス(または塩、こしょう)をよくふり、薄力粉をまぶす。両面とも繰り返す。

2. ホットサンドメーカーの両面にオリーブオイルを多めにぬり、1を置いて閉じる。

3. 弱火〜中火で10〜12分、裏返しつつ両面をじっくりと焼いたら火からおろす。

4. フタを閉めたまま数分間、余熱で蒸らしておく。

Point

火からおろす前に、鶏肉に箸などを刺して、中まで火が通っているかどうかを確認しましょう(透明な煮汁が出ればOK)。

ハンバーガーにしても良し

BBQ Recipe

ひき肉玉ねぎサンドてり焼き風味

Cooking Tool

スキレット／
フライパン

1. Ⓐの材料を混ぜ、てり焼きソースを作っておく。

2. 玉ねぎは厚さ1.5cmのスライスを計4枚用意する。片面（肉を挟む面）だけに片栗粉をまぶしておく。

3. ひき肉に薄力粉と塩・こしょう、マヨネーズを混ぜてよく練り、2等分にする。

4. 2で3を挟み、油をひいたスキレット（またはフライパン）で片面を中火で2〜3分、焼き目がつくまで焼く。裏返したら弱火にし、フタをしながらひき肉に火が通るまで5〜7分じっくりと焼く。

5. 火が通ったら1のてり焼きソースをよくからめ、バターを溶かし入れる。

[材料]
ひき肉(150g)
玉ねぎ(大1個)
薄力粉(大さじ2)
片栗粉(少量)
塩・こしょう(各適量)
マヨネーズ(大さじ2)
Ⓐ しょうゆ(大さじ1と1/2)
みりん(大さじ1と1/2)
すりおろしにんにく(小さじ1/2)
バター(5g)
油(適量)

Point

玉ねぎは多少焦げるくらいまで焼くのがコツ。甘くなります。

焼き目の香ばしさが
たまらない♥

Cooking Tool

スキレット／
フライパン

ハッセルバック トマト

[材料]

トマト(大3個)
ベーコンスライス(150g)
ピザ用チーズ(50g)
オリーブオイル(適量)
アウトドアスパイス、
または塩・こしょう(各適量)

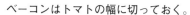

1. ベーコンはトマトの幅に切っておく。

2. トマトはヘタを取り、5mm〜1cm幅の切り込みを深く入れ、アコーディオン状にする。

3. スキレット(またはフライパン)にオリーブオイルをひいて 2 を並べ、切れ目に 1 を挟む。

4. スキレットにフタをして弱火で10分じっくりと焼き、フタを取って水分を飛ばしつつ中火〜強火でさらに2〜3分焼く。

5. 火を止め、アウトドアスパイス、または塩・こしょうをふり、ピザ用チーズをのせる。バーナーで表面をあぶる。

Point

トマトに切れ目を入れる際は、箸を2本並べてその間にトマトを置いてから切ると、割り箸がストッパーになり、切り離すことなく深く切り込みを入れられます。

焼きHSM 牛丼

Cooking Tool

ホットサンドメーカー

1. ホットサンドメーカーの両面にごま油をぬり、片面にごはんをのせて平らにする。その上にレトルトの牛丼をのせる。

2. ホットサンドメーカーを閉じ、弱火で10〜12分裏返しつつ両面を焼く。

3. 仕上げにマヨネーズ・卵黄・ブラックペッパー・細ねぎ・紅生姜をのせる。

Point

牛丼の量は、ホットサンドメーカーのサイズに合わせて調整しましょう。牛丼のつゆはお好みで入れてください。個人的にはひっくり返す際にこぼれるし、ごはんが茶色くなってしまうので入れない方がおすすめです。

[材料]
レトルト牛丼（1〜2パック）
ごはん（150g）
卵黄（1個分）
ブラックペッパー（適量）
マヨネーズ（適量）
細ねぎの小口切り（適量）
紅生姜（適量）
ごま油（適量）

一度はやってみたい
ビール蒸し

Cooking Tool
メスティン

海老の
ビール蒸し

[材料]
バナメイエビ(40本前後)
ビール(120ml)
ケイジャンシーズニング
（大さじ2〜3）
レモン汁(小さじ1)
バター(15g)
にんにくのみじん切り(1片分)
オリーブオイル(大さじ1)
アウトドアスパイスまたは
塩・こしょう(各適量)
※メスティン容量：1000ml

1. エビは殻付きのまま足を取り、背に包丁を入れて背ワタを取り、尾をキレイに洗っておく。

2. チャック付き食品保存袋に 1 と、にんにくのみじん切りケイジャンシーズニングを入れ、よくもみ込んでから冷蔵庫で数時間味をなじませる。

3. メスティンに 2 の袋の中身のすべて、レモン汁を入れ、ビールを注ぐ。

4. メスティンにフタをして弱火で2分半煮込み、具材をかき混ぜたら、再度フタをして2分煮込む。

5. 火を止め、オリーブオイル、バターを加え、お好みでアウトドアスパイス(または塩・こしょう)をふり、かき混ぜる。

Point

キャンプで作る場合は事前にエビを処理し、チャック付き食品保存袋に入れにんにくとケイジャンシーズニングも加えてから、クーラーボックスで運ぶようにしてください。

厚鍋でじっくり蒸し焼き

やみつき手羽先

Cooking Tool

スキレット／フライパン

1. シェラカップなどに、Ⓐの材料を入れてよくかき混ぜて、てり焼きのタレを合わせておく。

2. 手羽先は皮目とは逆の側に包丁で骨に添って切り込みを入れ、味を染み込みやすくしておく。

3. スキレット（またはフライパン）に油をひき、中火～強火で 2 を皮目から焼く。焼き目がついたら弱火にして裏返す。

4. 1 をまわしかけてスキレットのフタをする。2～3分蒸し焼きにしたらフタを外し、火を強めて水分を飛ばしつつ、てり焼きにしてタレをからめる。

5. 火を止め、白ごまと赤唐辛子を散らす。

[材料]
鶏手羽先（16本、2～3人分）
白ごま（適量）
赤唐辛子の小口切り（適量）
Ⓐ
酒（大さじ2）
みりん（大さじ4）
砂糖（大さじ1と1/2）
しょうゆ（大さじ3）
すりおろしにんにく（小さじ1）
油（適量）

Point

てり焼きダレは焦げやすいので、注意しながら火にかけましょう。

フタをあける瞬間が
楽しいやつ

メスティンで作る
おつまみ
燻製

Cooking Tool

メスティン

[材料]
肉、魚、チーズ、卵、練り物など
お好みの食材
燻製用ウッドチップ（適量）
※メスティン容量：750ml

1. メスティンはフタも含めて汚れをカバーするため、内側を
アルミホイルで包んで保護する。フタも忘れずにアルミホ
イルで保護する。

2. メスティンの底の中央にウッドチップを小さじ1程度置く。

3. メスティンに中敷き網をセットし、水分をふき取った食材
を並べる。

4. 3を中火にかけ、ウッドチップに火がついたらフタをして
弱火または中火で5分〜10分ほど燻製して完成。

Point　別途のメスティンの中敷き網（メッシュトレイ）、アルミホ
イルが必要です。食材の脂や水分がしたたり落ちる可能
性ある場合は、アルミホイルで受け皿を使って食材をのせると、失敗なく燻製
することができます。

[手順]

卵は半熟をキープ!!

キムチーズ
チャーハン

スキレット／
フライパン

1. スキレット（またはフライパン）にごま油をひいて目玉焼き
を焼いておく。

2. キムチは、粗みじん切りにする。

3. **1**のスキレットに追加でごま油をひき、冷凍チャーハンと
2を炒める。

4. **3**を一度シェラカップなどの器に入れて軽く押し固めてス
キレットの中央に底面を上にして置く。型をはずして、そ
の周りにピザ用チーズを敷きつめ、チーズが溶けるまで火
にかける。

5. **4**のチャーハンに**1**をのせ、お好みで乾燥パセリをふる

[材料]
冷凍チャーハン（400〜500g）
白菜キムチ（100g）
ピザ用チーズ（80g）
卵（1個）
ごま油（適量）
乾燥パセリ（少々）

Point

少食の方は、チーズを半量くらいにしておきましょう。

BBQ Recipe

\ 焼くと甘みが増すんです！ /

Cooking Tool

**ホットサンド
メーカー**

フルーツ
バーベキュー

[材料]

- りんご（1個）
- バナナ（1本）
- パイナップル（100g）
- バター（10g）
- シナモンパウダー（適量）
- バニラアイスクリーム
  （お好みで）

※上記の材料は、ワイドサイズの
ホットサンドメーカーの分量です。
通常サイズの場合は2/3量を目安
にご用意ください。

1. りんごはよく洗って皮付きのまま4等分にする。バナナは3
〜4等分に切る。パイナップルは食べやすい大きさに切っ
ておく。

2. ホットサンドメーカーにアルミホイルを
しき、1のりんご、バターをのせてシナモ
ンパウダーをふり、アルミホイルで包み込
む。ホットサンドメーカーを閉じ、弱火で
10分裏返さずに焼く。

3. ホットサンドメーカーを開け、アルミホイルの中にバナナを
入れる。パイナップルも加え、バターとシナモンパウダーを
ふる。ホットサンドメーカーを閉じてさらに弱火で10分焼く。

4. アルミホイルを取り、お好みでアイスをのせる。

Point

りんごは火が通るのが遅いので、先に焼き
始めるのがコツです。

丸ごとだから
栄養たっぷり

丸ごと新玉ねぎのスープ

Cooking Tool

メスティン

1. 玉ねぎの皮をむき、上から十文字に切り込みを入れる。

2. メスティンに 1 を入れ、玉ねぎが浸るまで水を入れる。

3. コンソメキューブを入れ、メスティンにフタをし、弱火〜中火で30分ほど煮込む。時々様子を見て、水が減りすぎていたら継ぎ足してOK。

4. 粉チーズ、乾燥パセリ、ブラックペッパーをふる。

[材料]
新玉ねぎ
（大1個、または中2個）
コンソメキューブ（1個）
水（450ml）
粉チーズ（適量）
乾燥パセリ（適量）
ブラックペッパー（たっぷり）
※メスティン容量：800ml

Point

玉ねぎの切れ目は、火の通りをよくするため深めに入れるのがポイントです。

ペロリと一口大。
何個でもイケちゃいそう☆

Cooking Tool

ホットサンド
メーカー

肉巻き焼き
おにぎり

[材料]

ごはん(茶碗1.5杯くらい)

豚バラ肉スライス(200g)

A
　水(50ml)
　しょうゆ(50ml)
　酒(50ml)
　みりん(大さじ1)
　砂糖(大さじ2)
　すりおろしにんにく(適量)

白ごま(適量)

油(適量)

1. Ⓐの材料を混ぜてタレを作っておく。

2. ごはんを俵形に握り、豚バラ肉スライスで巻く。ご飯が見えなくなるように縦横にきっちりと巻く。

3. ホットサンドメーカーの両面に油をぬり、2を並べてホットサンドメーカーを閉じ、裏返しつつ両面を弱火〜中火で5〜7分焼く。

4. 豚肉の両面に焼き目がついたら、ホットサンドメーカーを開いたまま、1のタレをスプーンなどでまわしかけ、よくからませながら照り焼きにする。

5. 火を止めて白ごまをまぶす。

Point ご飯の形を整える際は、一度手で軽く丸めてから、俵形に整形すると上手く握れます。

ぜったい
盛り上がる系！

丸ごとカマンベールと ミニトマトの アヒージョ

Cooking Tool

**スキレット／
フライパン**

1. ミニトマトはへたを取り、野菜を一口大に切る。にんにくは包丁の腹でつぶしておく。

2. スキレット（またはフライパン）にオリーブオイルと塩、にんにくを入れ、香りが出るまで炒める。

3. 1のミニトマトと野菜を投入し、軽く火が入ったら6等分に切ったカマンベールチーズを中央に置く。

4. チーズが溶けてきたら赤唐辛子をふり、ブラックペッパー、塩で味を調える。

［材料］
- カマンベールチーズ（1個）
- ミニトマト（お好みで、ゴーヤ・ナス・オクラ・カボチャなど適量）
- オリーブオイル（150ml）
- 赤唐辛子の小口切り（適量）
- にんにく（2片）
- 塩（適量）
- ブラックペッパー（適量）

Point

バゲットやホットサンドメーカーで焼いたパンと一緒にどうぞ！ 残ったオイルはパスタに使ってもおいしい。

火入れが醍醐味BBQレシピ

鶏のざくざくミルフィーユ焼き

Cooking Tool

ホットサンド
メーカー

[材料]

鶏むね肉(1枚)

じゃがいも(1/2個)

コーンフレーク(50g)

ピザ用チーズ(適量)

アウトドアスパイスまたは
塩・こしょう(各適量)

薄力粉(大さじ3)

水(大さじ3)

油(適量)

1. コーンフレークはチャック付き食品保存袋や2重にしたポリ袋に入れ、手で小さく砕いておく。

2. 鶏むね肉を厚み半分にスライスする。それぞれの断面にアウトドアスパイス(または塩・こしょう)をふる。

3. じゃがいもの皮をむいてスライスしたら、1枚の鶏肉の上に置く。その上にチーズをのせ、残りの鶏肉を重ねてサンドする。

4. 3の表面に水溶き薄力粉をつけ、さらに1をまぶしたら、ホットサンドメーカーの両面に油を多めにぬってのせて閉じ、弱火で7～8分ずつ両面を焼く。

 Point

鶏肉の火の通りが気になる場合は、火を止めてからさらに2～3分おいておき、余熱で火を通しましょう。

カロリー無視で
欲望のままに

ケイジャン チキン フォンデュ

Cooking Tool

ホットサンド
メーカー

1. 鶏もも肉にケイジャンスパイスをもみ込み、10〜15分おく。

2. スライスチーズは手で小さくちぎり、片栗粉をまぶす。

3. シェラカップなどにすりおろしにんにくと白ワインを入れ、火にかけてひと煮立ちさせてアルコールを飛ばす。さらに 2 を入れて溶かす。塩、こしょうで味つけする。

4. ホットサンドメーカーの両面にオリーブオイルを多めにぬり、1 を入れて閉じ、弱火で8〜10分、裏返しつつ蒸し焼きにする。

5. 焼き上がったら 3 の溶かしたチーズにつけて食べる。

[材料]
鶏もも肉(300g)
ケイジャンスパイス(適量)
とろけるスライスチーズ
(1パック)
すりおろしにんにく
(小さじ1/2)
塩・こしょう(各適量)
白ワイン(100ml)
片栗粉(小さじ1)
オリーブオイル(適量)

Point

ケイジャンチキンを焼いている間、ホットサンドメーカーの上にチーズを入れたシェラカップをのせておくと、チーズが冷めずに固まらないのでおすすめです。

ガーリック強めでお酒も進みます

Cooking Tool

スキレット／
フライパン

枝豆とタコの
アヒージョ

[材料]

枝豆（2袋）
タコ（生食用／80g）
オリーブオイル（100ml）
塩（適量）
ブラックペッパー（適量）
にんにく（1〜2片）
赤唐辛子の小口切り（適量）

1. たっぷりの湯を沸かして塩を入れ、枝豆をかためにゆでる。ゆであがったら流水で冷まし、さやから豆を外しておく。

2. タコは食べやすい大きさに切る。

3. スキレット（またはフライパン）にオリーブオイルを入れ、にんにくと赤唐辛子を入れて弱火にかけ、香りが出るまで軽く煮る。

4. 3のスキレットに1と2を加え、2〜3分加熱したら火を止め、塩とブラックペッパーで味つけする。

Point

枝豆をゆでるお湯に入れる塩の量は、お湯1リットルに対して塩大さじ1を目安にしてください。

定番ですが
やっぱり美味しい

大葉とチーズの豚ロール焼き

Cooking Tool

ホットサンドメーカー

1. 豚バラ肉スライスを4枚1セットにし、合計2セットをまな板などの上に隙間なく並べる。豚肉の上に大葉を半量ずつしき、スライスチーズを2枚ずつ置き、アウトドアスパイス（または塩・こしょう）をふる。

2. 端からクルクルと巻き、巻き終わりをつま楊枝などで止める。

3. 薄力粉をまぶし、油をぬったホットサンドメーカーに並べる。ホットサンドメーカーのフタをはずして上にのせる。

4. 時々転がしながら、弱火〜中火で7〜10分、全体に焼き目がついて中に火が通るまでじっくりと焼き、食べやすい大きさに切り分ける。

[材料]
豚バラ肉スライス（8枚）
大葉（10枚）
スライスチーズ（4枚）
アウトドアスパイスまたは塩・こしょう（各適量）
油（適量）

Point

ホットサンドメーカーを完全に閉じてしまうと重みでロールがつぶれてしまうので、フタ代わりに上にのせるだけにしましょう。

焦げ目がしっかり付くのは
ホットサンドメーカー
ならでは！

バターしょうゆ もろこし

Cooking Tool

ホットサンド メーカー

［材料］
とうもろこし（チルド／2本）
バター、またはマーガリン
（適量）
しょうゆ（適量）

※上記の材料は、ワイドサイズの
ホットサンドメーカーの分量です。
通常サイズの場合は2/3量を目安
にご用意ください。

1. とうもろこしを縦半分に切る。ホットサンドメーカーのサイズに合わせて、長さを調整する。

2. ホットサンドメーカーの両面にバター（またはマーガリン）をぬる。1を実の部分が下になるように並べてホットサンドメーカーを閉じ、弱火で15分ほどじっくりと焼く。軽く焦げ目が入ったら、裏返して5分ほど焼く。

3. ホットサンドメーカーを開いてしょうゆをたらし、実の部分を下にしてフタを閉じ、さらに2〜3分ほど焼いたら完成。

Point

バーナーがあれば、表面を炙るとさらにおいしくなります！

いち押し、
大人気レシピです♥

ごろごろサーモンと
アボカドの
ホットサンド

Cooking Tool

ホットサンド
メーカー

1. ホットサンドメーカーの両面にマーガリン（またはオリーブオイル）をぬり、食パン1枚をのせる。

2. 1の上にバジルペースト、マヨネーズをぬり、スライスチーズ、一口大に切ったサーモンとアボカドをのせる。

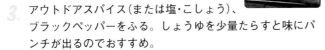

3. アウトドアスパイス（または塩・こしょう）、ブラックペッパーをふる。しょうゆを少量たらすと味にパンチが出るのでおすすめ。

4. もう1枚の食パンをのせ、ホットサンドメーカーを閉じる。弱火で様子を見つつ、両面を2〜3分ずつ焼いたら完成。

[材料]
食パン（8枚切り／2枚）
マーガリン、またはオリーブオイル（適量）
刺身用サーモン（100〜150g）
アボカド（1/2個）
マヨネーズ（大さじ1）
バジルペースト（小さじ1）
スライスチーズ（1枚）
アウトドアスパイス（適量）
ブラックペッパー（適量）
しょうゆ（適量）

Point

ホットサンドは焦げやすいので注意！ 弱火でじっくりと焼き、時々ホットサンドメーカーを開いて焼け具合を確認するようにしましょう！

よなよな
居酒屋
レシピ

お酒が飲みたくなる料理を取りそろえました。
ビール片手に、よなよな美味しいもの食べて
楽しみましょう！

ついついハシが
進んじゃいます……汗

ねぎだく せせり ポン酢

Cooking Tool

ホットサンド
メーカー

［材料］
- 鶏せせり肉(300g)
- マヨネーズ(適量)
- ポン酢(適量)
- 細ねぎの小口切り(たっぷり)
- 一味唐辛子(適量)
- 油(適量)

1. ホットサンドメーカーの両面に油をぬり、せせり肉を並べる。ホットサンドメーカーを閉じ、弱火～中火で8分ほど裏返しながら両面を焼く。

2. ホットサンドメーカーを開いてマヨネーズをストライプ状にかけ、(あれば)バーナーで炙(あぶ)り焦げ目をつける。

3. ポン酢をかけ、細ねぎ(または長ねぎ)をたっぷりとかけ、お好みで一味唐辛子をふって完成。

Point

バーナーがなくても大丈夫です。その場合は
やや焼き時間を長くしてください！

脂身がとっても
ジューシーに仕上がります

手羽中の
ビール
こしょう煮

Cooking Tool

メスティン

1. 鶏手羽中をメスティンに2段に重ねて敷きつめ、ビールをメスティンの深さの半分まで注ぎ、さらに手羽中が浸るくらいまで水を注ぐ。

2. Ⓐの材料を加えて軽くかき混ぜる。

3. メスティンを弱火にかけ、たまに手羽中の上下を入れ替えたり、裏返したりしながら15～20分ほど煮込む。

4. 煮汁が大さじ2程度になったらブラックペッパーをたっぷりかけて完成。

[材料]
・鶏手羽中(8～12本)
・ビール(適量)
・水(適量)
・ブラックペッパー(適量)

Ⓐ
しょうゆ(適量)
砂糖(大さじ1)
すりおろしにんにく(チューブ 3～4cm)
すりおろし生姜(チューブ3～4cm)

※メスティン容量：750ml

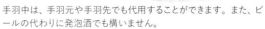

Point

手羽中は、手羽元や手羽先でも代用することができます。また、ビールの代わりに発泡酒でも構いません。

パスタやラーメンの
トッピングにしても good!

Cooking Tool

スキレット
＆鍋

簡単手作り
チャーシュー

[材料]

・豚バラ肉ブロック
（200～300g）

Ⓐ
しょうゆ（大さじ3）
すりおろし生姜（小さじ1/2）
すりおろしにんにく
（小さじ1/2）
砂糖（小さじ1）

1. 豚バラ肉は、適当な大きさに切り分けておく。

2. 鍋に水をたっぷり入れ、沸騰したら、とろ火にする。*1*を入れて1時間ほど弱火で煮る。

3. チャック付き食品保存袋に *2* の豚肉を入れ、さらに Ⓐ の材料を加え、よく揉み込む。

4. そのまま常温で30分置いておく。暑い時期には肉が悪くならないよう、冷暗所や冷蔵庫で放置する。

5. *4* を熱したスキレット（またはフライパン）に入れ、表面に軽く焼き目をつける。

Point

豚バラ肉を煮る際に、火が強すぎると肉がかたくなるので注意しましょう。表面にふつふつと小さな泡が出るくらいのとろ火で1時間ほど煮込みます。

泥つきねぎの姿焼き

Cooking Tool

**ホットサンド
メーカー**

1. ホットサンドメーカーの両面に油をぬり、ねぎを泥つきのまま並べる。

2. フタを閉め、弱火〜中火でねぎにしっかりと焦げ目がつくまで、ホットサンドメーカーを裏返しつつ両面を焼く。

3. ねぎを焼いている間に、シェラカップなどに Ⓐ の材料を入れてよくかき混ぜ、みそダレを作っておく。

4. ねぎが焼けたら、ねぎの皮を1〜2枚むき、3 のみそダレにつけて食べる。

[材料]
- 泥つき長ねぎ（1本）
  - みそ（大さじ1）
  - 砂糖（大さじ1）
  - Ⓐ しょうゆ（小さじ1）
  - 豆板醤（小さじ1/2）
  - ごま油（小さじ1）
- 油（適量）

📌 *Point*

普通の長ねぎでもできますが、泥つきねぎ（できれば上州ねぎや下仁田ねぎなどの太めの泥つきねぎ）が甘くおいしく仕上がるのでおすすめです。

しっぽり夜長を楽しみながらの
酒のアテ

簡単やみつき壺にら

Cooking Tool

メスティン

[材料]
・にら(2束)

(A)
- しょうゆ(大さじ1)
- ごま油(大さじ1)
- すりおろしにんにく(小さじ1)
- 砂糖(小さじ1/2)
- みそ(大さじ2)
- 一味唐辛子(小さじ1/2)
- 赤唐辛子の小口切り(適量)

※メスティン容量:500ml

1. にらは4〜5cm幅に切る。

2. Ⓐの材料を、にらと一緒に混ぜる。辛いのが苦手なら赤唐辛子を減らす。チャック付き食品保存袋に入れて混ぜると簡単。

3. そのままでも食べられるが、メスティンに入れて冷蔵庫で半日ほど置いておくとさらにおいしくなる。

Point

できあがった壺にらは、ラーメンにのせたり、卵かけごはんにのせて食べてもおいしいです。ただしメスティンに、にらのニオイがつくので使用後は充分に洗いましょう。

よく冷えたサワーが合いそうです♥

カニカマたっぷり
長芋の
ふわふわ焼き

Cooking Tool

ホットサンド メーカー

1. ボウルにすりおろした長芋と細くさいたカニカマ、卵、白だしを入れてよく混ぜ合わせる。

2. ホットサンドメーカーの両面に油をぬり *1* を流し入れる。ホットサンドメーカーを閉じ、とろ火から弱火で10〜12分、裏返しつつじっくりと焼く。

3. 仕上げにポン酢とマヨネーズをかけ、細ねぎをたっぷりとのせる。

[材料]
・すりおろした長芋(200g)
・カニカマ(1パック／80g)
・卵(1個)
・白だし(小さじ1)
・マヨネーズ(適量)
・ポン酢(適量)
・細ねぎの小口切り(たっぷり)
・油(適量)

Point

長芋はすりおろしたものが冷凍パックで市販されています。

そら豆も HSM で焼くと
火が通りやすい

そら豆の姿焼き

Cooking Tool

ホットサンド
メーカー

［材料］
・そら豆（さや付き、4〜5本）
・塩（適量）
・油（少量）

1. ホットサンドメーカーの両面に油を薄くぬる。

2. そら豆をさや付きのまま、*1*に並べる。

3. ホットサンドメーカーを閉じて弱火〜中火でそら豆のさやの表面に焦げ目がつくらいまで焼く。さらに逆の面もさやに焦げ目がつくらいまで焼く。

4. そら豆のさやをむいて、塩をつけて食べる。

Point

さやつきのそら豆をホットサンドメーカーで焼くと、蒸し焼きになって、そら豆のうまみや香りが存分に味わえます。できたて熱々をどうぞ。

キャベツはざっくり大きめに！

Izakaya! Recipe

豚巻き キャベツの ピリ辛ダレ

Cooking Tool

ホットサンド
メーカー

1. キャベツをホットサンドメーカーに入れやすいよう、6〜8等分に切る。

2. *1* のキャベツはそれぞれ、豚バラ肉スライス2〜3枚で巻く。塩・こしょうをふり、さらに薄力粉をまぶす。

3. ホットサンドメーカーの両面に油をぬり、*2* を並べる。酒を大さじ1を入れて閉じ、とろ火〜弱火で両面をじっくりと焼く。

4. 焼いている間に、シェラカップなどに Ⓐ の材料を入れてよく混ぜてピリ辛ダレを作る。

5. *3* が焼き上がったら *4* のピリ辛タレをかける。

[材料]
- キャベツ（1/3玉）
- 豚バラ肉スライス（12〜18枚）
- 酒（大さじ1×2回）
- 塩・こしょう（各適量）
- 薄力粉（適量）
- Ⓐ
  - しょうゆ（大さじ1）
  - コチュジャン（大さじ2）
  - ハチミツ（大さじ1）
  - 白ごま（小さじ2）
- 油（適量）

 Point

ここで紹介している分量は、ホットサンドメーカーで2回分の分量です。

パリっとするまで
焼くとおいしい

チーズ入り
鶏皮餃子

Cooking Tool

**ホットサンド
メーカー**

［材料］

・鶏皮（300g）

・鶏ひき肉（250g）

・にら（1/3束）

・ピザ用チーズ（30g）

Ⓐ
　しょうゆ（大さじ1と1/2）
　酒（大さじ1）
　ごま油（小さじ1と1/2）
　塩・こしょう（各少々）
　片栗粉（大さじ1）

・油（適量）

※上記の材料は、ワイドサイズの
ホットサンドメーカーの分量です。
通常サイズの場合は2/3量を目安
にご用意ください。

1. にらは細かく刻んでおく。にら、鶏ひき肉、チーズをボウルまたはポリ袋に入れ、Ⓐの材料を加えて粘り気が出るまでよく混ぜてあんを作る。

2. 鶏皮を広げて1のあんを適量のせて包む。

3. ホットサンドメーカーの両面に油を薄くぬり、2の閉じ目を下にして並べる。

4. ホットサンドメーカーを閉じ、弱火で15分ほど裏返しながらこんがり焼き色がつくまで焼く。

🔺 *Point*

ポン酢や餃子タレ（しょうゆ、酢、ラー油を混ぜたもの）をつけて食べるとおいしいです。

トマトの酸味と甘みが最高！

サラダチキンと
トマトの
ミルフィーユ焼き

Cooking Tool

メスティン

1. じゃがいもの皮をむき、5〜7mm厚さにスライスしホットサンドメーカー、またはフライパンなどで軽く焼き目がつくまで炒めて粗熱をとる。

2. トマトとサラダチキンをそれぞれ食べやすい厚みにスライスする。スライスチーズは半分に切る。

3. メスティンの端からお好みで、じゃがいも、トマト、サラダチキン、スライスチーズを重ねて並べる。

4. オリーブオイルをやや多めにまわし入れ、アウトドアスパイス、または塩・こしょうをたっぷりふる。

5. メスティンのフタを閉め、弱火で7〜8分焼く。

［材料］
・サラダチキン(1個)
・トマト(1個)
・じゃがいも(2個)
・とろけるスライスチーズ(6枚)
・オリーブオイル(適量)
・アウトドアスパイスまたは
　塩・こしょう(各適量)

※メスティン容量：750ml

Point

具材を重ねる順番は自由ですが、じゃがいもを多く使った方が枚数的にうまく収まります。チーズが余ったら上にのせるとよいでしょう。さらにマヨネーズをかけてもおいしいです。

お麩に染み込んだ
牡蠣の汁が美味

牡蠣とお麩の バター焼き

Cooking Tool

ホットサンド
メーカー

[材料]
- カキ(加熱用／12個)
- 車麩(小3個)
- バター(20g)
- しょうゆ(適量)
- 細ねぎの小口切り(適量)
- ブラックペッパー(適量)
- 油(適量)

1. 車麩は水(またはぬるま湯)にしばらく浸しておき、十分に柔らかくする。柔らかくなったら、やさしく手で握って水分を絞り、半分に切る。

2. カキは軽く水で洗いキッチンペーパーなどで水気をふき取っておく。

3. ホットサンドメーカーの両面に油をぬり、1と2を並べる。カキがふっくらするまで、弱火で両面を焼く。

4. ホットサンドメーカーのフタを外してバターを溶かし入れる。

5. 火を止め、しょうゆと細ねぎ、ブラックペッパーをふる。

Point

ホットサンドメーカーをひっくり返す際は、牡蠣の汁をこぼさないように注意しましょう。牡蠣の汁をこぼしてしまうと、車麩に味がしみ込まなくなります。

パリパリ鶏の
鬼黒こしょう

Cooking Tool

ホットサンド
メーカー

1. Ⓐの材料をシェラカップに入れてよくかき混ぜてタレを作っておく。

2. 鶏むね肉は皮を残したまま細長く切る。さらに、軽く塩をふり、片栗粉を全体にまぶす。

3. ホットサンドメーカーの両面に油をぬり、片面に大さじ1の油を入れる。*2*を皮目を下にして並べてフタを閉め、弱火～中火で5～7分ほど焼く。この際に*1*のタレをバーナーなどで加熱して砂糖を溶かす。

4. 鶏の皮に焼き目が入ったら、ホットサンドメーカーのフタを取り外し、鶏肉をひっくり返して焼く。フタを開けることで鶏肉がパリッと仕上がる。

5. 5～7分ほど焼いたら火を止め、*3*のタレを全体にかける。仕上げにブラックペッパーをたっぷりとかけて完成。

[材料]
・鶏むね肉(300g)
・片栗粉(大さじ2)
・塩(少々)
・ブラックペッパー(多め)
・油(適量)
Ⓐ ┌ しょうゆ(大さじ2)
  │ みりん(大さじ2)
  └ 砂糖(大さじ1)

 Point

鶏肉に片栗粉をまんべんなくまぶすことで、タレがからみやすくなるとともに、焼き上がりのパリパリ感が増す。
辛いのが好きな人は「ほりにし辛口（P.13）」や、一味唐辛子などをかけてもおいしいですよ！

不思議食感覚！

Cooking Tool

ホットサンド
メーカー

巻くだけ
ソーセージ
餃子

［材料］

餃子の皮
（大判サイズ／10枚）

ソーセージ（10本）

大葉（10枚）

スライスチーズ（3枚）

油（適量）

※上記の材料は、ワイドサイズの
ホットサンドメーカーの分量です。
通常サイズの場合は2/3量を目安
にご用意ください。

1. 餃子の皮に大葉をのせ、その上に4等分
に切ったスライスチーズ、ソーセージを
のせる。そのままぐるぐる巻き、巻き終
わりに水をつけてとめる。

2. ホットサンドメーカーの両面に油をぬり、**1**を並べ、さら
に油大さじ1を入れる。

3. ホットサンドメーカーを閉じ、中火で2～3分、餃子の皮に
焼き目がつくまで焼く。ホットサンドメーカーを裏返して
さらに2～3分焼く。

Point

ポン酢に七味唐辛子と小口切りにした長ねぎを入れたもの
や、しょうゆとラー油、酢にこしょうを混ぜたものなど、お好
みのつけダレをつけて食べてください。

塩加減が決め手

そうめん チャンプルー

Cooking Tool

スキレット／
フライパン

1. スパムは食べやすい大きさに切っておく。細ねぎは小口切りに、にらは5cm幅くらいに切る。

2. 大きめのスキレット（またはフライパン）にたっぷり湯を沸かして塩を入れ、そうめんを茹でる。通常より30秒ほど早くあけ、流水で洗ってよく水をきったら、ごま油をふり、よく混ぜておく。

3. スキレットにごま油をひき、スパムに焼き目が入るまで両面を焼く。もやしとにらを加え、油が全体になじんだら、2を加えてよくかき混ぜる。

4. 3に中華だしで味をつけ、最後に細ねぎとブラックペッパーをふる。

[材料]
- そうめん（2〜3束）
- スパム（1/2缶）
- 細ねぎの小口切り（2本分）
- にら（1/2束）
- もやし（1/2袋）
- 中華だし（ペースト／10g）
- ごま油（適量）
- ブラックペッパー（適量）
- 塩（小さじ1）

 Point

そうめんを炒めすぎると柔らかくなってしまうので、短時間でさっと炒めるのがコツです。

味を染み込ませるのが
美味しさの秘訣

玉こんにゃくと豚肉のガーリックバター

ホットサンド
メーカー

[材料]
- 玉こんにゃく(100g)
- 豚こま切れ肉(100g)
- バター(20g)
- 顆粒鶏がらスープの素
  (小さじ1と1/2)
- しょうゆ(少々)
- おろしにんにく(小さじ1と1/2)
- 塩(適量)
- ブラックペッパー(適量)
- 乾燥パセリ(適量)
- 赤唐辛子の小口切り(お好みで)

※上記の材料は、ワイドサイズの
ホットサンドメーカーの分量です。
通常サイズの場合は2/3量を目安
にご用意ください。

1. 玉こんにゃくはフォークなどで数回刺して、味がしみ込みやすいようにする。豚肉は食べやすい大きさに切る。

2. ホットサンドメーカーの両面にバター（またはマーガリン）・こんにゃく・豚肉・鶏がらスープの素・しょうゆ・にんにく、塩、さらに辛いのが好きな人は赤唐辛子を入れてホットサンドメーカーを閉じる。

3. 火の通り加減を確認しながら、ホットサンドメーカーを裏返して、中火で両面を5〜7分炒める。

4. お好みでブラックペッパーや乾燥パセリをふる。

Point

玉こんにゃくは普通のこんにゃくでも代用できます。その場合は食べやすい大きさに切って、さらにフォークで複数回刺して味をしみ込みやすくしておきましょう。

和えるだけの
お手軽簡単メニュー！

生ハム
ユッケ

1. きゅうりと長ねぎは10cmくらいの長さのせん切りにする。
生ハムは1枚を3〜4つにちぎっておく。

2. 器に *1* を入れ、さらに Ⓐ の材料を入れてよく混ぜ合わせる。

3. 器に *2* を盛ったら、卵黄をのせる。

Point

長ねぎの他にも、大葉やみょうがを入れたり、韓国海苔を添えても
おいしいです。

[材料]
- 生ハム(200g)
- きゅうり(2本)
- 長ねぎ(白い部分、15cm)

　コチュジャン(大さじ1)
　鶏ガラスープの素
　(顆粒小さじ1)
Ⓐ 砂糖(小さじ1)
　すりおろしにんにく(小さじ1)
　炒り白ごま(大さじ1)
　ごま油(大さじ1と1/2)
- 卵黄(1個分)

Izakaya! Recipe

指でつまんで
つけダレにつけて召し上がれ

Cooking Tool

**ホットサンド
メーカー**

カニカマの
磯辺焼き

[材料]

- カニカマ（10本）
- 味付け海苔（5枚）
- 片栗粉（適量）

A ｛
- しょうゆ（大さじ1）
- 砂糖（大さじ1）
- すりおろしにんにく
（チューブ／2cm）

- 油（適量）

1. Ⓐの材料をシェラカップなどに入れてよく混ぜ合わせ、つけダレを作っておく。海苔は横半分に切る。

2. カニカマを海苔で巻き、カニカマの両端を指でつぶしてほぐす。

3. 2に片栗粉をまぶし、油を多めにひいたホットサンドメーカーに並べる。

4. ホットサンドメーカーを閉じて片面を軽く焼き色がつくまで焼いたら裏返す。

5. 最後にホットサンドメーカーを開いたまま、水分を飛ばしつつ、焼き目がつくまで焼く。1のつけダレをつけて食べる。

Point

海苔を巻いたばかりの時はカニカマから海苔がはがれやすいですが、しばらく置いておくとカニカマの水分で海苔が貼りつきます。

ねぎチーズ春巻き

Cooking Tool

ホットサンド
メーカー

1. 長ねぎは春巻きの幅に合わせて切る。

2. 春巻きの皮1枚を広げ、手前に大葉3枚を横1列に置き、その上に**1**のねぎをのせ、くるくると巻いて、巻き終わりに水溶きの小麦粉をぬって閉じる。

3. 春巻きの皮をもう1枚広げて手前にスライスチーズ2枚を並べ、**2**の春巻きをチーズの上にのせて再び手前からくるくる巻く。巻き終わりに水溶きの小麦粉をぬって閉じる。

4. **2〜3**の手順を繰り返して、残り2本も同様に作る。

5. 油を多めにひいたホットサンドメーカーに**4**を並べてフタを閉じ、弱火〜中火で2〜3分揚げ焼きにする。春巻きを裏返して再度フタを閉じ、さらに2〜3分、全体がこんがり色づくまで揚げ焼きにする。

6. 春巻きの余分な油をきって食べやすい幅に切り、梅肉ペーストをのせる。

[材料]
- 長ねぎ（2本）
- 春巻きの皮（6枚）
- 大葉（9枚）
- スライスチーズ（6枚）
- 梅肉ペースト（大さじ1）
- 大葉（9枚）
- 水溶き薄力粉（接着用に少々）
- 揚げ油（適量）

Point

キャンプなど野外で作る場合、残った油は別の料理に使ったり、市販の廃油処理剤などで固めて持ち帰りましょう。キャンプ場に捨ててはダメですよ！

究極の
ジャンク
レシピ

駄菓子やジャンキーな食材を使って、おやつ感覚でポリポリ、
ホクホク食べられる料理を選んでみました。
手に取りやすいフィンガーフードメニューも取り揃えました。

ザクザク感がたまらない！

バリバリ 魚肉 フランク

Cooking Tool

ホットサンド メーカー

[材料]

- 魚肉ソーセージ（大3本）
- 柿の種あられ
  （ピーナッツなし／1袋）

Ⓐ
- 片栗粉（大さじ3）
- しょうゆ（大さじ1と1/2）
- 酒（大さじ1と1/2）
- 砂糖（大さじ1と1/2）
- すりおろしにんにく（小さじ1）

- マヨネーズ（適量）
- 油（適量）

1. 柿の種あられは袋の上から麺棒などで叩いて細かく砕いておく。

2. 魚肉ソーセージは隠し包丁を入れ、衣がからみやすくしておく。

3. Ⓐの材料をよくかき混ぜてタレを作る。

4. 魚肉ソーセージに串を刺して**3**のタレをよくからませ、**1**をしっかりとまぶす。

5. ホットサンドメーカーの両面に油を多めにひき、**4**を並べ、焦げないように注意しつつ両面を香ばしくバリっとするまで焼く。好みでマヨネーズをかける。

Point

柿の種は焦げやすいので、火加減に注意しつつ、様子を見ながら焼くようにしましょう。

ポテチがメインメニューに早変わり

ポテチチーズ グラタン

Cooking Tool

メスティン

1. メスティンの内側にオリーブオイルを薄くぬっておく。玉ねぎはみじん切りにする。舞茸は小さく手でさいておく。

2. 玉ねぎをメスティンに入れ、塩をひとつまみ、オリーブオイルを軽くまわし入れてかき混ぜて舞茸をのせる。

3. ポテトチップスを半分くらいに割ってメスティンに入れ、お好み量のマヨネーズ、ピザ用チーズを加える。

4. メスティンのフタを閉め、弱火で7〜8分焼く。アウトドアスパイス（または塩・こしょう）をふる。

[材 料]

- 「ピザ風味ポテトチップス」（2/3袋）
- 玉ねぎ（1/2個）
- 舞茸（1/2株）
- ピザ用チーズ（50g）
- マヨネーズ（適量）
- アウトドアスパイス、または塩・こしょう（各適量）
- オリーブオイル（適量）
- 塩（適量）

※メスティン容量：750ml

Point

バーナーがあれば、上からチーズを炙るとよりおいしくなります。

パリパリ新感覚！

悪魔の キムチーズ せんべい

Cooking Tool

スキレット／
フライパン

［材料］

- スライスチーズ（4枚）
- ツナ缶（1個）
- 白菜キムチ（100g）
- 赤唐辛子の小口切り（適量）
- 一味唐辛子（適量）
- 粉チーズ（小さじ1）
- 油（適量）

1. スキレット（またはフライパン）に油をぬり、スライスチーズを並べる。

2. 1にキムチとツナをのせ、その上に輪切り赤唐辛子と一味唐辛子をたっぷりかける。

3. 中火でチーズがパリパリになるまで焼いたら火を止める。バーナーがある場合は粉チーズをふりかけて上から炙ってもおいしい。

 Point

より辛いのがお好みの方は、一味唐辛子の代わりにジョロキアパウダー（最辛の激辛唐辛子の粉末）を使ってもよいでしょう。ただしすごく辛くなるので自己責任でお願いします。

ミニピザ風おつまみ☆

ぱりぱり枝豆チーズせんべい

Cooking Tool

スキレット /
フライパン

1. 枝豆は塩でよくもんだあとに水洗いし、3〜5分ほどゆでる。さやから豆を取り出しておく。

2. スキレット（またはフライパン）にオリーブオイルを薄くぬり、スライスチーズを敷く。

3. チーズの上に枝豆を散らし、弱火〜中火で焼く。チーズが茶色く焦げはじめるまで焼くとパリパリになる。

4. フライパンを火からおろし、チーズが冷めて固まるまでおく。フライパンから取り出して切り分けたら、塩、ブラックペッパーをふる。

［ 材料 ］
・枝豆(1/3袋)
・スライスチーズ(3枚)
・オリーブオイル(適量)
・塩(適量)
・ブラックペッパー(適量)

Point

チーズはあまり重ならないようにするのがカリッと焼き上げるコツです。また、チーズは焦げた方が食感がよいですが、焦がしすぎには注意しましょう。

チーズがのび〜る♪

韓国式ホットドッグ

Cooking Tool
メスティン

[材料]
- ソーセージ(3本)
- さけるチーズ(2本)
- ホットケーキミックス(100g)
- 牛乳(50mlくらい)
- 卵(1/2個)
- スライスチーズ(3枚)
- パン粉(適量)
- 揚げ油(適量)
- ケチャップ(適量)
- ハニーマスタード
  (またはマヨネーズ適量)

1. 卵と牛乳にホットケーキミックスを加えてよく混ぜる。どろりと濃度がある方が衣のつきが良くなる。

2. ソーセージは片方の先を切り落とし、さけるチーズは半分に切っておく。ソーセージ、さけるチーズの順で串に刺す(3本分作る)。

3. 2に1をまんべんなくつけ、さらにパン粉をしっかりとまぶす。

4. メスティンに揚げ油を入れて、170℃程度に温める。

5. 3の串を1本ずつ、3〜4分ほどこんがりと揚げる(焦がさないよう注意する)。お好みでケチャップとハニーマスタード(またマスタードやマヨネーズ)をかける。

Point

ケチャップとハニーマスタードの代わりに、グラニュー糖をふりかけて甘くしてもおいしいです。

食感がやみつきに！

柿ピー クリスピー 唐揚げ

Cooking Tool

ホットサンド
メーカー

1. 鶏むね肉は一口大に切っておく。

2. 1をチャック付き食品保存袋やポリ袋などに入れ、Ⓐの材料を入れ、よく揉み込みんだら30分ほど置いて味をなじませる。

3. 柿の種あられを袋に入れたまま麺棒などで叩いて砕く。砕いた柿の種あられを2にまぶして衣にする。

4. ホットサンドメーカーの両面に油を多めにひき、3を並べてホットサンドメーカーを閉じる。弱火で8〜12分を目安に裏返しつつ両面を焼く。

5. 火を止めてしばらく余熱を通し、最後にお好みでマヨネーズ、アウトドアスパイスをつけながら食べる。

［材料］
鶏むね肉(300g)
柿の種あられ
(ピーナッツなし／小2袋)

Ⓐ
片栗粉(大さじ2)
しょうゆ、酒、砂糖(各大さじ1)
すりおろしにんにく(小さじ1)
すりおろし生姜(小さじ1)

マヨネーズ・アウトドアスパイス
(各適量)
油(適量)

Point

ホットサンドメーカーを裏返す際に油がこぼれるので、あらかじめ油を棄てる別の器を用意しておくことをおすすめします。

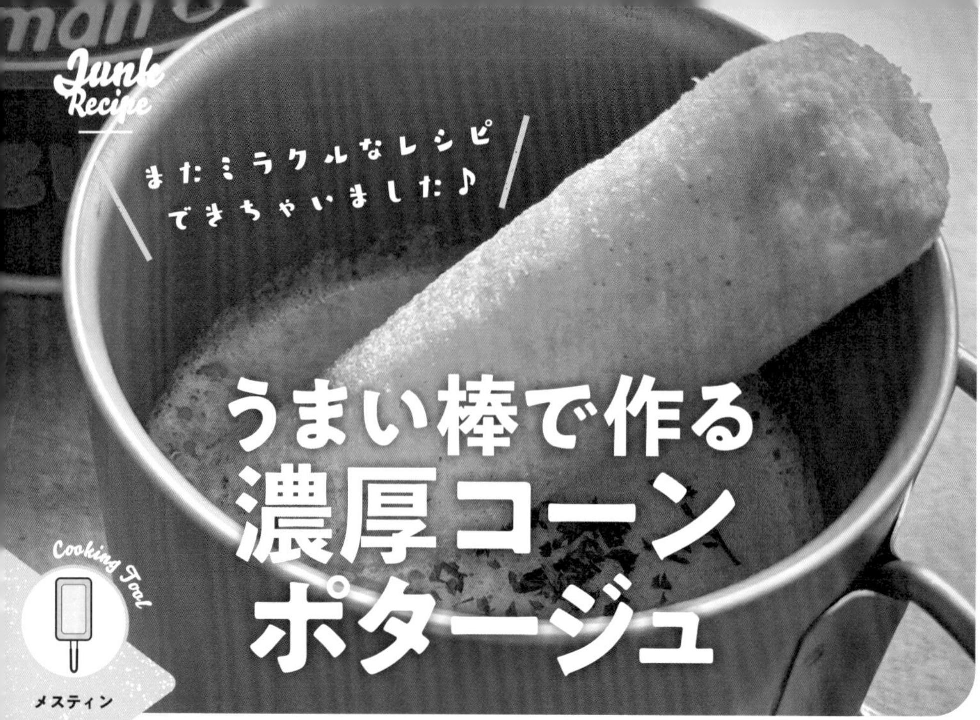

Junk Recipe

またミラクルなレシピ
できちゃいました♪

うまい棒で作る濃厚コーンポタージュ

Cooking Tool

メスティン

［材料］

- うまい棒コーンポタージュ味（3本）
- 牛乳（250ml）
- コンソメ、または鶏ガラスープの素（適量）
- 塩（適量）
- 乾燥パセリ（少々）

※メスティン容量：750ml

1. うまい棒2本を袋に入れたまま砕く。なるべく細かくなるように丁寧に潰す。
2. メスティンに1を入れ牛乳を注ぐ。
3. メスティンを弱火にかけ、うまい棒が溶けるまでよくかき混ぜる。牛乳は吹きこぼれやすいので注意。
4. 味を確認し、コンソメ、または鶏ガラスープの素、塩などで好みの味に調える。
5. マグカップかシェラカップに4のスープを注ぎ、うまい棒を1本を差し入れ、乾燥パセリを散らす。

Point

牛乳の 1/3 量を生クリームにするとより濃厚でクリーミィになるのでおすすめです。

ポテジャンキーにオススメ ♥

冷凍ポテトの ジャンキー 炒め

Cooking Tool

ホットサンド
メーカー

1. ベーコンは食べやすい大きさに切っておく。

2. ホットサンドメーカーの両面に油をぬり、冷凍ポテト、ベーコン、キャンディチーズを入れる。塩・こしょうとブラックペッパーをふる。

3. ホットサンドメーカーのフタを閉め、中火でホットサンドメーカーをゆすりながら5分ほど炒める。

4. 弱火にしてフタを開け、真ん中に卵を割り入れる。

5. ホットサンドメーカーを閉じ、卵がお好みの固さになるまで2～3分ほど火にかける。

[材料]
- 冷凍ポテト(120g)
- 卵(1個)
- ベーコン(50g)
- キャンディチーズ(5粒)
- 塩・こしょう(各適量)
- ブラックペッパー(適量)
- 油(適量)

※上記の材料は、ワイドサイズのホットサンドメーカーの分量です。通常サイズの場合は2/3量を目安にご用意ください。

Point

キャンディチーズはピザ用チーズ、スライスチーズを手でちぎったもの、ベビーチーズを小さく切ったものなどでも代用できます。

Messtin Recipe

ごはんと麺は
メスティンに
おまかせ

王道のごはんものと麺をラインナップ。
ごはんが炊けて、メスティンのフタを開ける瞬間って嬉しいですよね。
盛りだくさんな食材を盛れる器としても機能するような
レシピも考えてみました。

おつまみにも最適

ピリ辛ねぎチャーシュー丼

Cooking Tool
メスティン

[材料]
- 米(1合)
- 水(200ml程度)
- 厚切りチャーシュー(4枚)
- 長ねぎ(1本)
- 味付け海苔(3枚)

Ⓐ
- 白ごま(大さじ1と1/2)
- しょうゆ(大さじ1)
- ごま油(小さじ2)
- ラー油(小さじ2)
- 中華スープの素(小さじ1/2)
- 塩(少々)
- ブラックペッパー(少々)

※メスティン容量：800ml

1. メスティンに洗った米と水を入れて炊いておく(p.31「メスティンでごはんを炊く方法」参照)。

2. 長ねぎは5〜6cm幅に切り、縦に細切りにして10分ほど水にさらしておく。海苔は細切りにする。

3. シェラカップにⒶの材料を入れ、よく混ぜ合わせておく。

4. チャーシューをフライパン、またはスキレットで軽く両面を焼く。

5. 4を細く切り、2、3と混ぜ合わせる。1のごはんの上に好みの量をのせて丼にする。

Point

そのままお酒のおつまみにしてもおいしいです。

こぼれサーモン漬け丼

Cooking Tool

メスティン

1. サーモントラウトを食べやすい大きさに切る。

2. みりんと酒をメスティンのフタ、またはシェラカップに入れて火にかけ、軽く沸騰させる。粗熱をとったら燻製しょうゆを加えて混ぜる。

3. チャック付き食品保存袋や大きめのシェラカップなどに *1* と *2* を入れて、30分〜1時間ほど漬けておく。

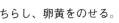

4. メスティンに洗った米と水を入れてごはんを炊いたら（p.31「メスティンでごはんを炊く方法」参照）*3* をのせ、*3* の漬け汁をお好みの量かける。

5. 細ねぎと炒り白ごまをちらし、卵黄をのせる。

[材料]
- サーモントラウト（刺身用／150g程度）
- 米（1合）
- 水（200ml程度）
- 酒（大さじ2）
- みりん（小さじ2）
- 燻製しょうゆ（大さじ2）
- 細ねぎの小口切り（適量）
- 炒り白ごま（適量）
- 卵黄（1個分）

※メスティン容量：800ml

Point

燻製しょうゆがない場合は、普通のしょうゆでもおいしくできます。

アメリカ南部家庭料理の決定版！

ダーティライス

Cooking Tool

メスティン

[材料]
- 米(1合)
- 水(200ml)
- 鶏レバーの缶詰(2缶)
- 長ねぎ(1/3本)
- にんにく(2片)
- 赤唐辛子(1本)
- ケイジャンスパイス(大さじ1)
- ピザ用チーズ(適量)
- 塩・こしょう(各適量)
- ブラックペッパー(適量)
- 細ねぎの小口切り(適量)

※メスティン容量：800ml

1. メスティンに洗った米と水を入れ、15分ほど吸水させておく。

2. 鶏レバーを粗く刻み、にんにくはスライスにする。長ねぎは小口切りにしておく。赤唐辛子は細かく刻む(辛いのが苦手なら不要。辛めが好きなら種も使う)。

3. 1に、2を乗せてケイジャンスパイスをふり、フタを閉めて強火で炊き、吹きこぼれたら、弱火にしてチリチリ音がするまで約10分炊く。火からおろして厚手のタオルなどで巻き、5〜10分蒸らす。必要であれば塩・こしょうやブラックペッパーなどで味を調え、よくかき混ぜる。細ねぎを散らす。

Point

本場のダーティライスに近づけるなら、セロリやピーマンのみじん切りを入れるのもおすすめです。

季節の滋味も
コンビニで調達♪

甘栗の日本酒炊き込みごはん

Cooking Tool

メスティン

1. メスティンに洗った米、水、酒を入れる。

2. 舞茸を小さく割いて入れ、半分に切った甘栗を入れる。

3. 塩をひとつまみと、しょうゆをひとまわし（濃い味が好きな人はふたまわし）入れ、メスティンのフタを閉じる。

4. メスティンを火にかけて炊く（p.31「メスティンでごはんを炊く方法」参照）。

［ 材 料 ］
・ むき甘栗（1袋／35g）
・ 舞茸（1/3株）
・ 米（1合）
・ 水（180ml）
・ 酒（30ml）
・ しょうゆ（適量）
・ 塩（適量）

※メスティン容量：750ml

Point

甘栗は「甘栗むいちゃいました」を使いましたが、お好みのもので OK。

夏のキャンプ飯はコレ！

簡単だし冷や汁

Cook

メスティン

[材料]
- 米(1合)
- 水(200ml程度)
- 冷たいだし汁(300ml)
- みそ(大さじ1)
- すりおろし生姜(適量)
- サバ缶(1缶)
- 絹ごし豆腐(1/2丁)
- きゅうりの漬け物(適量)
- 白炒りごま(適量)
- 梅干し、または
  梅肉ペースト(適量)
- カツオ節(1袋)
- 細ねぎの小口切り・
  大葉のせん切り(各適量)

※メスティン容量：500ml

1. だし汁はよく冷やしておく(または氷を浮かべる)。

2. メスティンに米と水を入れて炊く(p.31「メスティンでごはんを炊く方法」参照)。

3. シェラカップなどに*1*のだし汁・みそ・すりおろし生姜をよく混ぜ合わせ、*2*の上にかける。

4. *3*の上にカツオ節・粗くくずした豆腐・ほぐしたサバ缶・細ねぎや大葉のせん切り・きゅうりの漬け物・白ごまをかける。

5. 最後に梅干し(または梅肉ペースト)をのせる。

Point

だし汁は、水にだしの素や、白だしを適量混ぜたもので OK。キャンプの際には、ペットボトルに入れてクーラーボックスで冷やしておくか、夏であれば凍らせたまま持って行ってもいいでしょう。

フタをあける瞬間が楽しい♪

バターしょうゆコーンごはん

Cooking Tool

メスティン

1. メスティンに洗った米と水を入れ、30分ほど吸水する。

2. **1**に焼きとうもろこしをのせ、メスティンにフタをする。

3. **2**を中火〜強火にかけ、吹きこぼれたら弱火にして10分ほど炊く。 チリチリ音がしてきたら火を止め、厚手のタオルなどで包んで5〜10分ほど蒸らす。

4. フタを外してバターをのせ、しょうゆをまわし入れる。

[材料]
・焼とうもろこし
 （粒、100〜150g）
・米（1合）
・水（200ml程度）
・バター（10g）
・しょうゆ（適量）
※メスティン容量：750ml

Point

焼きときうもろこし（粒）はコンビニなどで市販されているものを使っています。 ホールコーンでも代用可能です。事前に炒めておくとよりおいしいですが、省略しても大丈夫です。

イカの風味が食欲をそそる！

Cooking Tool

メスティン

イカバターチーズごはん

［材料］
- 米（1合）
- 水（200ml）
- イカ焼き（80g）
- ベビーチーズ（4個）
- 細ねぎの小口切り（大さじ1）
- バター（10g）
- しょうゆ（大さじ1）
- 七味唐辛子（適量）

※メスティン容量：800ml

1. メスティンに洗った米と水を入れる。その上にイカ焼きと、サイコロ状に切ったベビーチーズをのせる。

2. メスティンのフタを閉めて中火〜強火にかけ、吹きこぼれたらごく弱火にして10分ほど炊く。

3. チリチリと音が聞こえてきたら火を止め、タオルなどで巻いて10分ほど蒸らす。

4. お好みで細ねぎや七味唐辛子、バター、しょうゆを加える。

Point

イカ焼きはコンビニやスーパーなどで売っている出来合いのものでも、イカをスキレットなどで焼いたものでも大丈夫です。

さらりとお茶漬け感覚で
召し上がれ

ずぼら冷や汁

1. トマトジュースと水（100ml）はあらかじめよく冷やしておく。

2. メスティンに洗ったお米と水を入れて炊いておく（p.31「メスティンでごはんを炊く方法」参照）。

3. シェラカップなどに**1**のトマトジュース、冷水、しょうゆを混ぜ合わせたら、**2**のごはんにかける。

4. **3**にツナ、大葉と炒り白ごま、ねぎをのせ、ごま油をお好みの量かける。

[材料]
米（1合）
水（200ml）
トマトジュース（200ml）
冷水（100ml）
しょうゆ（小さじ2）
ツナ缶（1缶）
大葉のせん切り（3〜4枚分）
炒り白ごま（適量）
ごま油（適量）
細ねぎ小口切り（適量）
※メスティン容量：800ml

Point

冷たいのが好きな方はクラッシュアイスを入れたり、みょうが、すりおろしにんにく、タバスコを入れてもおいしい。

牡蠣のだしが決め手の
贅沢な一品

バターしょうゆ牡蠣ごはん

Cooking Tool

メスティン

[材料]

カキ（8個）

水（200ml+100ml）

米（1合）

(A)
- 麺つゆ（3倍濃縮大さじ3）
- しょうゆ（大さじ3）
- 酒（大さじ3）

バター（適量）

しょうゆ（適量）

※メスティン容量：800ml

1. カキは流水でやさしく洗い、水分をふき取っておく。

2. メスティンに水200mlを入れ、(A)の材料を加えて火にかける。ひと煮立ちしたらカキを入れて2〜3分煮てカキを取り出し、煮汁とカキをそれぞれ別の器で冷ましておく。

3. メスティンに洗った米と水100mlを入れて30分ほど吸水させておく。2の煮汁100mlをメスティンに足す（水と煮汁で合計200mlにする）。

4. メスティンにフタをして強火にかけ、吹きこぼれたらごく弱火にして10分待つ。チリチリと音がしたら、フタを開けて素早く2のカキを入れ、再びフタを閉め、5〜7分蒸らす。

5. 炊き上がったところにバターをのせてしょうゆをかけ、細ねぎを散らす。

Point

カキは塩洗いするとさらに汚れをキレイに落とすことができます。

チーズ増量！
カロリー高めでも
気にしないで

ゴルゴンナーラ パスタ

Cooking Tool

メスティン

1. パスタを半分に折り、メスティンに入れる。水とオリーブオイルひとまわし、塩を入れて、中火〜強火で沸騰させる。

2. 途中、パスタがくっつかないようにかき混ぜながらゆでる。所定の茹で時間の半分程度経過したら、弱火にして Ⓐ の材料を入れて、軽くかき混ぜてさらにゆでる。

3. チーズがとろりと溶け、水分が少なくなったら火を止め、生ベーコン・卵黄・ブラックペッパーを入れ、最後にオリーブオイルをひとまわししてたらす。乾燥パセリをふり、イタリアンパセリ（分量外）を添える。

[材料]
- パスタ(100〜150g)
- 水(220ml)
- オリーブオイル(適量)
- Ⓐ ゴルゴンゾーラチーズ(50g)
  生クリーム(または牛乳+バターでも可／50g)
  すりおろしにんにく(適量)
  粉チーズ(適量)
- 生ベーコン(または普通のベーコン80g)
- 塩(小さじ1/3)
- ブラックペッパー(適量)
- 卵黄(1個分)

※メスティン容量：800ml

Point

生ベーコンは、豚肉を塩漬け後、乾燥・熟成させたもの。イタリア料理では、パンチェッタの名前で知られる。
普通のベーコンで作る場合は、パスタをゆでる際に一緒にベーコンもゆでるようにしましょう。

冷たいラーメンだと
ヘルシーに感じるのは
なぜ！？笑

冷製 塩レモン ラーメン

Cooking Tool

メスティン

[材料]
- インスタント塩ラーメン(1袋)
- レモンスライス(6枚)
- ハチミツ(小さじ2)
- 冷水(400ml)
- チャーシュー(お好みで)
- 細ねぎの小口切り(適量)
- コチュジャン(適量)
※メスティン容量：1000ml

1. レモンは厚さ2〜3mmにスライスする。メスティンのフタにレモンを並べ、ハチミツをかけて10分ほどおく。

2. メスティンで湯を沸かし、麺を入れてほぐしながら2分ゆでる。

3. 麺のゆで汁大さじ1を別途シェラカップなどに取っておき、残りを捨てる。麺は流水で冷やし、水気をよくきっておく。

4. シェラカップに取っておいた3のゆで汁に添付のスープと切りごまを入れ、よくかき混ぜて溶かす。

5. メスティンに冷水400mlを入れ、4のスープを加えて混ぜる。3の麺を入れ、レモンを並べ、チャーシューと細ねぎ、コチュジャンをお好みでトッピングする。

Point

レモンはハチミツとなじませることで酸味が和らぎます。

トマトジュースと白だしミックスの
出汁をお試しあれ！

冷製 トマト そうめん

Cooking Tool
メスティン

1. 製氷皿にトマトジュース100mlを入れ、凍らせておく。ミニトマトは半分に切っておく。

2. メスティンでそうめんをお好みのかたさにゆでたら、ザルにあけて流水で冷やす。

3. メスティンを洗って、トマトジュース200mlと白だしを入れて混ぜておく。

4. メスティンにゆでたそうめんを入れ、*1*の凍らせたトマトジュースとミニトマトをまわりに浮かべる。

5. *4*にとろろ昆布とかいわれ大根をのせる。

［材料］
- そうめん（1束）
- トマトジュース（300ml）
- 白だし（大さじ1/2〜1）
- ミニトマト（2〜3粒）
- とろろ昆布（適量）
- かいわれ大根（適量）

※メスティン容量：1000ml

Point

夏のキャンプで作る際は、あらかじめペットボトルなどにトマトジュースと白だしを入れて、凍らせてから持って行くと、キンキンに冷えた冷たいそうめんを食べることができます。

キャンプ
で
おやつ

しょっぱい系料理の多いキャンプ飯のあとには
無性に甘いものが食べたくなるもの。
BBQのシメにぜひどうぞ。

SNSでも
とくに人気抜群の
レシピ

Cooking Tool

メスティン

クラッシュ コーヒー ゼリー

[材料]
ペットボトルコーヒー
（無糖／500ml）
粉ゼラチン（8g）
砂糖（お好みで大さじ2〜3）
生クリーム（適量）
牛乳（適量）
※メスティン容量：800ml

1. 常温のコーヒー200mlをメスティンに入れ、ゼラチンを8g ふり入れて1分程度おく。

2. 1を弱火にかけ、沸騰させないよう注意しながら20回ほど かき混ぜる（甘いのが好きな方はここで好みの量の砂糖を 入れてよく溶かす）。

3. 2を火から下ろし、残りのコーヒーをすべて注ぎ、スプー ンで2〜3周ゆっくりとかき混ぜる。

4. メスティンのフタを閉め、水平に置いて まわりに保冷剤をあて、クーラーボック スで3時間以上冷やす。

5. 固まったらスプーンなどで粗くくずし、牛乳、または牛乳 と生クリームを半量ずつ混ぜたものを注ぐ。

Point

バニラアイスを浮かべて、コーヒーフロート風にしてもおいしいです。

※本レシピはインスタグラマー「とみ」さん（@tomi_recipe）からご提供いただいた レシピを参考に、キャンプ用にアレンジしています。

食べる手が止まらない♥

おもちの揚げ焼き ハニー シュガー

Cooking Tool

スキレット／
フライパン

1. もちは、食べやすい大きさ（4等分程度）に切る。

2. スキレット（またはフライパン）にオリーブオイル、または油を少し多めにひき、もちがつかないように間を開けて並べる。

3. もちを箸で転がしながら、焦げすぎないように弱火でじっくりと5〜7分焼く。

4. 火を止めて砂糖をまぶし、塩をパラパラとふり、ハチミツをお好みの量かける。

[材料]
・切りもち（3個）
・オリーブオイル、または油（適量）
・砂糖（大さじ2）
・塩（2つまみ）
・ハチミツ（適量）

Point

油は、オリーブオイルか、サラダ油がおすすめです。

アウトドアならではの醍醐味！
容器ごとプリン♥

メスティン プリン

Cooking Tool

メスティン

[材料]
【プリン液】
・卵(3個)
・砂糖(50g)
・牛乳(350ml)
・バニラエッセンス
（香り付けとして。なくても可）

【カラメルソース】
・水(25ml)
・砂糖(40g)
・水(仕上げ用／20ml)
※メスティン容量：800ml

1. 【プリン液】を作る。シェラカップなどに卵、砂糖を入れてよく混ぜたら、牛乳を少しずつ入れてよく混ぜる。あればバニラエッセンスを加えて茶こしなどで漉してメスティンに流し入れておく。

2. メスティンが入る大きさの鍋、またはフライパンに深さ2cm程度まで水を入れて沸かす。

3. 2の鍋に1のメスティンを傾かないように置いてフタをして、ごく弱火で10〜15分湯せんして火を止める。そのまま10〜15分おいて余熱で火を通す。

4. 【カラメルソース】を作る。小鍋、またはシェラカップに水、砂糖を合わせて弱火にかける。薄い琥珀色になるまで煮詰める。焦げないよう、時々鍋をゆすったり、かき混ぜる。

5. 4に仕上げ用の水を加えて溶きのばす。

6. 3のプリン液が固まっているのを確認したら、5のカラメルソースを流し入れて、冷蔵庫で4〜5時間冷やす。お好みでペパーミント（分量外）を飾る。

Point ポイントは湯せんの際に高温にしすぎないこと。高温で蒸してしまうと、ポソポソになったり "す" が入ってしまいます。また、牛乳は分量の半量を生クリームにするとよりなめらかでリッチになります。

熱を入れすぎて
アイスが溶けないように！

冷やしいちご
大福サンド

Cooking Tool

ホットサンド
メーカー

1. 食パン1枚にクリームチーズをぬる。もう1枚にいちごジャムをぬる（ジャムはお好みのジャムに代えてもOK）。

2. 1 の食パンで雪見だいふくを挟む。

3. 両面にマーガリンをぬったホットサンドメーカーに 2 をのせ、中火～強火で両面を焼く。

[材料]
食パン（6枚切り×2枚）
雪見だいふく（1個）
いちごジャム（20g）
クリームチーズ（20g）
マーガリン（10g）

 Point

焼き時間が長いと雪見だいふくが溶けてしまうので、強めの火でさっと焼き上げるのがコツです。もし雪見だいふくが溶けてしまう場合や、雪見だいふくを溶かさず食べたい場合は、あらかじめパンを焼いてから具材を挟んでも OK です。

お子様にも大好評

みかん牛乳かん

Cooking Tool

メスティン

[材料]
- みかんのシロップ漬け缶（適量）
- 牛乳（250ml）
- 生クリーム（牛乳で代用可、100ml）
- 砂糖（40g）
- 粉ゼラチン（10g）
- 水（大さじ2）

※メスティン容量：800ml

1. 缶詰のみかんとシロップは分けておく。

2. シェラカップに水とゼラチンを入れてふやかしておく。

3. メスティンに牛乳・砂糖・1のシロップ大さじ1を入れて弱火にかける。沸騰しないよう注意しながら、砂糖が溶けるまで温めたら火をとめ、2のゼラチンを加えて溶かす。

4. 3をメスティンに注いで生クリームも加えてよく混ぜたら、みかんを入れる。

5. メスティンのフタを閉め、水平に置いてまわりに保冷剤をあて、クーラーボックス（または冷蔵庫）で3時間以上冷やし、固める。

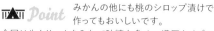

Point　みかんの他にも桃のシロップ漬けで作ってもおいしいです。
今回は生クリームを入れて砂糖を多めの濃厚タイプにしましたが、牛乳だけにして砂糖の量を減らすと、あっさりタイプになります。

オシャレ映えする
お手軽デザート

かんたん
焼きバナナと
ミックスナッツ

Cooking Tool

スキレット／
フライパン

1. バナナを縦半分に切り、さらに長さ半分に切る。

2. スキレット（またはフライパン）にバターを溶かし、弱火〜中火でバナナを焼く。バターを焦がさないようにたまにスキレットをゆする。

3. バナナを裏返したらナッツ入りドライフルーツを入れる。

4. 仕上げにお好みでシナモンパウダー、バニラアイスクリーム、メープルシロップ、ミントの葉（分量外）をトッピングする。

［材料］
・バナナ（1本）
・ナッツ入りドライフルーツ
　（1/4袋）
・バター（12g）
・シナモンパウダー（適量）
・バニラアイスクリーム
　（お好みで）
・メープルシロップ（適量）

Point

砂糖を使わなくても、熟れているバナナに熱を
加えるとじゅうぶんに甘くなります。
ナッツ入りドライフルーツは、コンビニのおつま
みコーナーにおいてあるものを使っています。

なにか甘いものほしいよねって
ときにお役立ち♪

Cooking Tool

**ホットサンド
メーカー**

ハッピー
焼きもち

［材料］

切りもち（4個）

グラニュー糖（15g）

コンソメ（顆粒／5g）

コーヒーミルクパウダー（5g）

Ⓐ 塩（ひとつまみ／1g）

うまみ調味料（2g）

三温糖（5g）

油（適量）

※上記の材料は、ワイドサイズの
ホットサンドメーカーの分量です。
通常サイズの場合は2/3量を目安
にご用意ください。

1. シェラカップなどにⒶの材料を入れ、よくかき混ぜておく。

2. ホットサンドメーカーの片面に多めの油をひき、切りもちを並べる（ホットサンドメーカーは閉じないので片面は外してもよい）。

3. 弱火で10〜15分じっくり焼いたら、1のパウダーを全体にまぶす。

Point

キューブ状のコンソメを使う場合は、細かく砕いて粉状にしておきましょう。

なにかと便利な
トルティーヤで即席ピザ風

フルーツ
トルティーヤ

Cooking Tool

ホットサンド
メーカー

1. ホットサンドメーカーに薄く油をぬる。ホットサンドメーカーにトルティーヤをのせ、ピザ用チーズを全体にのせる。

2. 1の上にドライフルーツ（レーズンやベリーなどお好みで）をのせる。

3. ホットサンドメーカーを閉じて、チーズが溶けるまで、そのまま弱火で2〜3分焼く。（あれば）バーナーで、表面を軽く炙る。

[材料]
フラワートルティーヤ（1枚）
ピザ用チーズ（適量）
ドライフルーツ（適量）
油（適量）

⛺ *Point*

トルティーヤは直径16〜17cmのものを使用。ワイドサイズのホットサンドメーカーを使っています。チーズをブルーチーズにして、最後にハチミツをかけるのもおすすめです。

モリモリマシマシ感重要

屋台風スティックパンケーキ

[材料]

- ホットケーキミックス(100g)
- 卵(Sサイズ/1個)
- 水または牛乳(60〜70ml)
- ホイップクリーム(適量)
- オレオ風クッキー(2〜3枚)
- いちご(2個)
- チョコレートソース(適量)
- チョコレートスプレー(適量)

1. 卵と水または牛乳を入れよく混ぜたら、ホットケーキミックスを加えてさっくりと混ぜる。

2. 油をぬったホットサンドメーカーの片面に 1 を流し入れる。アイス用の棒などスティック2本をホットサンドメーカーの持ち手側から生地に差し込む。

3. ホットサンドメーカーを閉じて弱火で5〜7分、両面に軽く焼き目がつくまで焼く。焼き上がったら半分に切っておく。

4. ホイップクリームとチョコレートソース、チョコレートスプレーをトッピングし、クッキー、いちご(お好みのフルーツでOK)をのせる。

🏕 *Point*

ホットケーキミックスは焼くとふくらむので、ホットサンドメーカーに流し入れる際は7〜8割くらいの量を目安に調整しましょう。

即席和菓子風！

あんバタもちきんちゃく焼き

Cooking Tool

ホットサンド
メーカー

1. 油揚げを半分に切り、袋状にする。

2. 切りもちを半分に切り、*1* の中に入れる。さらにあん、バター（マーガリンでも可）を入れる。

3. ホットサンドメーカーの両面に油を薄くぬり、油揚げの切り口の部分がホットサンドメーカーの端にくるように置いて閉じる。

4. 弱火〜中火で4〜6分、少し焦げ目がつくまでホットサンドメーカーを裏返しつつ両面を焼く。半分に切ると食べやすく、断面も見えます。

［材料］
・油揚げ(2枚)
・切りもち(2個)
・チューブ入りあん(適量)
・チューブ入りバター(適量)
・油(適量)

Point

あんとバター（マーガリン）はどちらもチューブ入りのものが便利です。

フルーツはお好みで
バナナやグレープフルーツ
などでも

メスティンで フルーツ ポンチ

Cooking Tool

メスティン

[材料]
- すいか(1/4個)
- パイナップル(300g)
- キウイ(1個)
- 水(400ml)
- 砂糖(150g)
- レモン(1個)
- 炭酸水(適量)
- 氷(適量)

※メスティン容量：1000ml

1. すいかは金属製の計量スプーンやくり抜き器などで一口大にくり抜く。パイナップルやキウイは一口大にカットする。

2. メスティンに水、砂糖、レモン汁を入れたら火にかけ、沸騰しないように注意しながら砂糖が溶けるまで煮る。

3. 2の粗熱をとってから1のすいか、パイナップル、キウイを入れて軽く混ぜたら、シロップがなじむまで半日ほど冷蔵庫で寝かせる。

4. クラッシュアイスなどの氷を入れ、お好みの炭酸水で割っていただく。

 Point

エナジードリンク、お酒（ウォッカやジンなど）
で割ってもおいしいですよ！

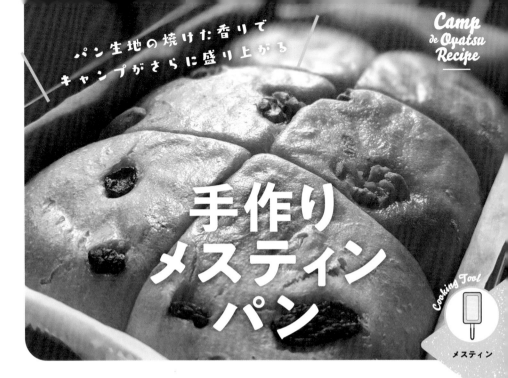

パン生地の焼けた香りで
キャンプがさらに盛り上がる

手作りメスティンパン

Cooking Tool

メスティン

1. 冷凍パン生地は使う1時間ほど前に冷凍庫から出して解凍しておく。

2. メスティンの底に、くしゃくしゃにしたアルミホイルをのばしてしく。さらにメスティンの内側はクッキングシートをしき込んでおく。

3. まな板の上などで**1**をなめらかにこねたら、レーズン、くるみ、チョコレートなどを生地に混ぜ込む。10〜20分ほど生地を休ませたら、メスティンに生地を並べ、水に濡らして軽く絞ったクッキングペーパーをメスティンに被せ、メスティンにフタをする。生地が2倍ほどの大きさになるまで1時間ほど発酵させる。

4. 発酵が完了したらクッキングペーパーを取り、代わりにクッキングシートでフタを保護し、とろ火で10〜15分ほど焼く（2〜3分ずつ様子を見ながらメスティンを裏返しつつ焼く）。

[材料]
・冷凍パン生地
・レーズン、くるみ、チョコレートなど（お好みで、適量）
※メスティン容量：1350ml 使用

Point 別途、アルミホイル、クッキングシート、クッキングペーパーが必要です。キャンプで作る場合、パン生地は冷凍のまま保冷剤と一緒にクーラーボックスに入れて持ち運んでください！

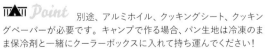

※本レシピは、東京・保谷のパン屋「JOURS」が販売するキャンプ用パン生地「CAMPan」を使用しています。

Niku-maki World

おかずに！ 酒のお友に！
アイデア次第で無限に広がる

ホットサンド
メーカーで
作る

肉巻き
ワールド

ヘルシー＆おいしい
肉と野菜は相性抜群！

＼ Try it !／
こんなのも！

アスパラ、玉ねぎ、ピーマン、ごぼう、かぼちゃ、ズッキーニ、いんげん、みょうが、新生姜、大根、しめじ、エリンギなどなど。好みの野菜で！ バナナやりんごなどのフルーツも意外にマッチ。

▶P118
なすの豚肉巻き
照り焼きダレ

▶P119
バターしょうゆオクラ
ベーコン

▶P119
山芋とえのきの
豚肉巻き串

▶P119
バターしょうゆ
えのきベーコン

思わず箸がすすむ
酒の友にもピッタリ！

＼ Try it !／
こんなのも！

こんにゃく、ゆで卵、うずらの卵（水煮）、木綿豆腐、高野豆腐、オイルサーディン、キムチ、チーズ入り鶏皮餃子（p68）などなど。肉巻きは、酒の肴にぴったり！

▶P120
アボカドの
鶏皮巻き

▶P120
チーズちくわの
肉巻き

▶P121
厚揚げの
ベーコン巻き

▶P121
ねぎ巻き
手羽串

▶P121
チーズin
ロールソーセージ串

＋チーズで
とろ～りコクうま

＼ Try it !／
こんなのも！

チーズ×フライドポテト、チーズ×キムチ、チーズ×大葉、クリームチーズ×ピーマンなどなど。チーズはお好みのものを。さけるチーズは加熱しても溶け出さないのが魅力。

▶P122
カニカマとさける
チーズの豚巻き串

▶P122
長ねぎとさけるチーズの
ベーコン巻き串

▶P122
ミニトマトとさける
チーズのベーコン巻き串

▶P122
スモークチーズの
ベーコン巻き串

時短でも大満足
市販品で手軽に！

＼ Try it !／
こんなのも！

みたらし団子、シュウマイ、焼きおにぎりなどなど。作ると手間のかかるものも市販品を上手に利用すれば、あっという間に高クオリティメニューが完成！ オリジナルメニューにトライ！

▶P123
禁断の
肉巻き餃子

▶P123
ロールキャベツの
串焼きBBQ

▶P123
うずらの
ベーコン巻き

Nikumaki Recipe

おさえておきたい
肉巻きのコツ！

- 肉巻きは串に刺すと、焼いた時に肉がはがれにくくてきれいに仕上がります。
  竹串は焦げやすいので、アルミ製の金串がおすすめ。金串は100円ショップなどでも入手できます。

- 串なしで焼くことも可能です。その場合、巻き終わりの位置がホットサンドメーカーの下になるようにしましょう（ベーコンは串を刺した方がきれいに仕上がります）。

- 肉巻きを串に刺す場合、ホットサンドメーカーのサイズに合わせて量を調整しましょう。

- ホットサンドメーカーには、あらかじめお好みの油をぬってから使います。

- ホットサンドメーカーを加熱しながら裏返す時、具材の油や水分がもれることがあります。あらかじめ受け皿などを置いて作業するとスムーズです。

- 仕上げにアウトドアスパイスや、塩・こしょうをふると、おいしさ確実！
  レシピ中でおすすめする場合、▶SPICE をつけています。

ヘルシー＆おいしい　肉と野菜は相性抜群！

自家製にんにくダレが
超おいしい！

なすの豚肉巻き
照り焼きダレ

❶ なす1本を5〜6等分に切って隠し包丁を入れ、豚バラ肉スライスをそれぞれに巻いて串に刺す。

❷ 両面に油をぬったホットサンドメーカーに串を並べ、弱火で軽く焼き目がつくまで両面を焼く。

❸ タレ※適量をかけてフタを閉め、何度か返しながらタレがからむまで煮詰める。

❹ 表面に照りが出てきたら、白ごま適量をパラパラとふる。

※［タレ］
水、しょうゆ・料理酒各20ml、砂糖・みりん各大さじ1、すりおろしにんにく少々を混ぜたもの（作りやすい分量）。

❶オクラはがくを取り、軽くこすり合わせて洗う。

❷メスティンで湯を沸かしてオクラをサッとゆでる。

❸オクラをベーコンスライスで巻いて金串を刺す。

❹両面に油をぬったホットサンドメーカーに❸を並べて、ホットサンドメーカーを開いて中火で3〜5分ずつ両面を焼く。

❺仕上げに弱火にしてバターとしょうゆをたらして全体にからめ、ブラックペッパーをふる。

バターしょうゆ オクラベーコン

シャキシャキ！じゅわーん
おいしすぎて、クセになる

❶えのきだけは石づきを切り落として長さの半分に切る。山芋は4〜5cm長さの短冊切りにする。

❷えのきと山芋を適量束ねて豚バラ肉スライスで巻き、金串1本に巻いた肉巻きを刺す。

❸両面に油をぬったホットサンドメーカーに❷の串を並べて閉じ中火で6〜8分、裏返しながら豚肉に焼き目がつくまで両面をしっかり焼く。 ▶SPICE

☆バターしょうゆで味つけしてもおいしい。

山芋とえのきの 豚肉巻き串

❶えのきだけは石づき部分を切り落として食べやすい量に分け、ベーコンスライスで真ん中をクルクル巻く。

❷両面に油をぬったホットサンドメーカーに❶を並べ、中火で3〜5分ずつ両面を焼く。

❸ベーコンに焼き目がついたら弱火にし、バターとしょうゆを好みの量たらして全体にからめる。最後にブラックペッパーをたっぷりふる。

☆えのきは焼くと縮むので、ぎゅうぎゅうに詰めて並べても大丈夫です！

バターしょうゆ えのきベーコン

おかわり確定！
やみつきメニュー

外はパリッパリッ！
中はとろーりホクホク

アボカドの鶏皮巻き

❶アボカドは皮と種を取って一口大に切る。鶏皮を広げてのばして裏返し、アウトドアスパイス、または塩・こしょうを軽くふり、アボカドを1個ずつ鶏皮にのせて包む（写真Ⓐ）。

❷両面にオリーブオイルを薄くぬったホットサンドメーカーに❶を並べて閉じ、弱火で10〜15分、途中、裏返しながらじっくりと両面を焼く。さらに表面をバーナーで炙ると、パリパリに仕上がる。▶SPICE

酒の肴にはもちろん
お弁当のおかずにも！

チーズちくわの豚肉巻き

❶さけるチーズを縦4つに切り、ちくわの穴に差し込む。ちくわに豚バラスライス肉をぐるぐると巻き、薄力粉をまぶす（写真Ⓐ）。

❷両面に油をぬったホットサンドメーカーに❶を並べて閉じる。中火でチーズが溶けるまで両面を焼く。

❸フタを開けてタレ＊をかけ、照りが出るまで転がしながら焼く。仕上げにブラックペッパーをふる。

＊［タレ］
しょうゆ・みりん・酒各大さじ1、砂糖小さじ1、すりおろし生姜（チューブ）小さじ1/2を合わせたもの（作りやすい分量）。

うま塩ベーコン×厚揚げ
とろーりチーズが in

厚揚げの ベーコン巻き

❶厚揚げ豆腐を4等分し、真ん中に切り込みを入れてピザ用チーズ（またはスライスチーズ）適量を詰める。

❷ベーコンスライス2枚を十字に重ねて置き、❶を巻いて、つま楊枝でとめる。

❸両面に油をぬったホットサンドメーカーに薄く油をぬり、弱火で10〜12分、裏返しながら両面を焼く。

❹焼き上がりに塩少々、ブラックペッパーをたっぷりかける。 [▶SPICE]

☆仕上げにマヨネーズをかけてバーナーで炙ってもおいしいです。

パリパリ手羽中と
ホクホクねぎの相性が絶妙

ねぎ巻き 手羽串

❶長ねぎは鶏手羽中の幅に合わせて切る。鶏手羽中は骨に沿って内側に包丁を入れ、骨を抜く。骨抜きした手羽中で長ねぎを巻いて、金串に刺す。

❷両面に油をぬったホットサンドメーカーに、皮側を下にして串を並べて火にかけて閉じる。焼き目がしっかりつくまで、中火で5分ほど焼いたら裏返し、さらに5分ほど焼いて両面にしっかりと焼き目をつける。 [▶SPICE]

☆手羽中から骨を抜く際は、まず包丁で腱を切って抜きやすくしてから、力をしっかりと入れて抜きましょう。手を切らないように注意。

肉の間からチーズが
トロ〜り！

チーズ in ロールソーセージ串

❶ソーセージは、半分に切ったスライスチーズ→ベーコンの順に巻き、薄力粉をまぶして金串に刺す。

❷両面に油をぬったホットサンドメーカーに❶を並べて閉じ、弱火〜中火で5分前後、ベーコンに焼き目がつくまで両面を焼く。 [▶SPICE]

☆チーズは、とろけるタイプではなく普通のスライスチーズがおすすめです。

＋チーズで とろーりコクうま

外はパリッパリッ！
中はとろーりホクホク

カニカマと
さけるチーズの
豚巻き串

❶さけるチーズは縦半分に切ってから、長さ半分に切る。カニカマとさけるチーズを1個ずつ束ねて、豚バラ肉スライスで巻いて金串に刺す（写真Ⓐ）。

❷両面に油をぬったホットサンドメーカーに❶の串を並べ、弱火〜中火で6〜8分、焼き目がつくまで両面を焼く。▶SPICE

Ⓐ

材料を切って巻くだけ！
あとは焼くだけ〜

長ねぎと
さけるチーズの
ベーコン巻き串

❶長ねぎは4〜5cm長さに切り、さけるチーズは1本を3等分に切る。長ねぎとチーズをそれぞれベーコンスライスで巻く。金串にねぎ巻きとチーズ巻きを適当に刺す。

❷両面に油をぬったホッサンドメーカーに❶の串を並べて弱火で6〜8分、じっくり両面を焼く。お好みでバターとしょうゆで味付けする。▶SPICE

トマトの酸味＆ベーコンの塩味
まろやかチーズがまとめ役

ミニトマトと
さけるチーズの
ベーコン巻き串

❶さけるチーズ1本を3等分に切る。ミニトマト、さけるチーズは、それぞれベーコンスライスで巻く。

❷①のベーコン巻きは金串1本につきトマト→チーズ→トマトの順に刺す

❸両面に油をぬったホットサンドメーカーに②の串を並べて閉じ、弱火で6〜8分、じっくり両面を焼く。▶SPICE

めっちゃ簡単なのに
めっちゃおいしい♡

スモークチーズの
ベーコン巻き串

❶スモークチーズにベーコンスライスをそれぞれ巻いて、金串1本につき4個ずつ刺す。

❷両面に油をぬったホットサンドメーカーに❶の串を並べ、中火で4〜6分、両面を焼く。▶SPICE

☆焼きすぎるとチーズが全部溶け出してしまうので注意。

スタミナ＆ボリューム満点
酒の友にもおかずにも！

① 冷凍餃子は解凍してから豚バラ肉スライスを巻き、金串に刺す（金串がなければ刺さなくてもOK）。

② ホットサンドメーカーの両面に油をぬり、①の串を置いて弱火で片面5分ずつを目安に、豚肉にこんがり焼き目がつくまでじっくり焼く。

③ ポン酢をつけながら食べる。 ▶SPICE

禁断の肉巻き餃子

---

① ベーコン巻きロールキャベツ（市販品）を金串に刺し、油をぬったホットサンドメーカーに並べ、弱火〜中火で軽く焼き目がつくまで焼く。

② トマトソース＊をかけ、スライスチーズを全体にのせて弱火で7〜10分ほど煮る。煮えたら火を止め、お好みでブラックペッパーや乾燥パセリをふる。

☆ ロールキャベツは、手軽に使える市販冷凍品を自然解凍したものを使用しています。

＊［トマトソース］
ケチャップ大さじ1、中濃ソース大さじ4、バター5g、砂糖2つまみ（作りやすい分量）。

濃厚トマトソースとチーズがからんでめちゃウマ！

ロールキャベツの串焼きBBQ

ベーコン×うずら＝好相性
水煮を使えばラクラク

① うずらの卵（水煮）をベーコンスライスで巻き、金串に刺す。

② 両面に油をぬったホットサンドメーカーに串を並べて弱火で8分〜10分、裏返しつつ両面を焼く。

③ 最後に特製辛みそ＊をつけて食べる。

＊［特製辛みそ］
みそ大さじ1、しょうゆ・みりん各大さじ1/2、コチュジャン小さじ1/2・豆板醤小さじ1/3、白ごま大さじ1/2、おろしにんにく（チューブ）2cm程度を合わせてよく混ぜる（作りやすい分量）。

うずらのベーコン巻き

あとがき

最後までお読みいただきありがとうございました！
本当はもっともっと、もっとたくさん紹介したい子たちがいたのですが……
紙面の都合で一部のみの掲載となってしまった事が悔やまれます。

Instagram「ベランダ飯」のほうでは
引き続き365日毎日レシピを紹介していますので、
ぜひチェックしていただければ嬉しいです！

自宅ベランダで気軽にキャンプ飯を！と始めたベランダ飯ですが、
今後はベランダだけではなくリアルなアウトドアシーンからもお届けするべく、
千葉県のいすみ市に土地を購入し、キャンプ用の小屋を自力で建設し、
小さなプライベートキャンプ場を開拓しています。

今後は一般開放も検討しておりますので、
その際はぜひ遊びに来ていただけたら嬉しいです。

まだまだ新型コロナウィルスとの厳しい戦いが続くことが予測されますが、
この本を手に取っていただいた皆様が、
これからも健康で、自分らしく、幸せに、
365日毎日の食事を楽しんでいただけることを心より願っています。

2021年9月某日　ベランダ飯

365 Days
Camp meal

BUILD A CABIN IN THE WOODS

― キャンプ小屋ができるまで ―

1 自分で設計図を作って材料を揃える方法もありますが、今回はすべてセットになった「小屋キット」を購入。費用は60〜70万円ほどでした。

2 整地をし、高さを揃えながら沓石（くついし）を設置していきます。湿気が多い土地なので防水シートを敷きました。

3 防腐防虫加工をした木材で土台を作っていきます。水平器を使って傾きが出ないように注意します。

4 土台と大引きの設置が完了し、断熱材をはめたところ。この上に再度防水シートを張って湿気対策をしました。

5 床材（フローリング）を打っていきます。この上で生活ををすることになるので、凹凸や隙間、傾きがないように丁寧に作業します。

6 通常は柱を立てて壁材を打っていくのですが、この小屋はログハウス形式なので、壁材を交互に組み上げていきます。

7 屋根ができるまでは、ブルーシートなどで雨が入らないように保護します。一人で建築したので、なにげにこの作業が一番きつかったです。

8 屋根材を設置しているところ。この後に防水シートを張り、さらにアスファルトルーフィングを張って雨から屋根を守ります。

9 外壁を塗装します。今回は木目を活かしたかったので、オイルステインを2度塗りして、屋外用のニスでコーティングしました。

10 外壁がほぼ塗り終わったところ。ドアには汚しやクラッキング加工を施し、アイアンの飾りをつけ、アンティークっぽい雰囲気を出す予定です。

完成 一部の飾りが残っているものの、これでほぼ完成！DIY素人がたった一人で作ったわりには満足のいく出来です。

Profile

ベランダ飯

365日毎日キャンプ料理を発信し続けている自称キャンプ飯研究家。キャンプ好きが高じ、自宅のベランダで作ったアウトドア料理がSNSで話題に。CAMP HACK、クックパッド、ソトレシピではキャンプ映えする本格レシピを連載中。最近は千葉県いすみ市に200坪ほどの土地を購入し、休みの日を使って小さなプライベートキャンプ場を開拓中。

instagram : @veranda_meshi
twitter : @vera_meshi
blog : https://inaka-kurashi.co.jp/camplog/

なにこれ！うまっ☆　上手に手抜き！マネしたくなる

365日キャンプ飯

2021年11月1日　初版発行
2022年11月5日　第2刷発行

著　　　　ベランダ飯

発行者　　青柳昌行

編集長　　藤田明子

担当　　　岡本真一

デザイン　一関麻衣子

編集　　　ホビー書籍編集部

発行　　　株式会社KADOKAWA
　　　　　〒102-8177　東京都千代田区富士見2-13-3
　　　　　電話：0570-002-301（ナビダイヤル）

印刷・製本　大日本印刷株式会社